RINO
MALZONI
UMA VIDA PARA O AUTOMÓVEL

Jorge Meditsch

RINO

UMA VIDA PARA O AUTOMÓVEL

Editora ALAÚDE

Copyright © 2013 Kiko Malzoni
Copyright © 2013 Alaúde Editorial Ltda.

Todos os direitos reservados. Nenhuma parte desta edição pode ser utilizada ou reproduzida – em qualquer meio ou forma, seja mecânico ou eletrônico –, nem apropriada ou estocada em sistema de banco de dados sem a expressa autorização da editora.

O texto deste livro foi fixado conforme o acordo ortográfico vigente no Brasil desde 1º de janeiro de 2009.

PRODUÇÃO EDITORIAL: Editora Alaúde

PREPARAÇÃO: Leandro Morita

REVISÃO: Bárbara Prince

CAPA E PROJETO GRÁFICO: Cesar Godoy

CRÉDITO DAS IMAGENS: *Autoesporte*, Carlos Zavataro, João Gazineu, Kiko Malzoni e *Quatro Rodas*

IMPRESSÃO E ACABAMENTO: Ipsis Gráfica e Editora S/A

1ª edição, 2013

Dados Internacionais de Catalogação na Publicação (CIP)
(Câmara Brasileira do Livro, SP, Brasil)

Meditsch, Jorge
    Rino Malzoni : uma vida para o automóvel / Jorge Meditsch. -- São Paulo : Alaúde Editorial, 2013.

    ISBN 978-85-7881-089-4

    1. Automobilismo - Biografia 2. Malzoni, Rino, 1917-1979 I. Título.

13-06889   CDD-796.72092

Índices para catálogo sistemático:
1. Rino Malzoni : Automobilismo : Biografia
796.72092

2013
Alaúde Editorial Ltda.
Rua Hildebrando Thomaz de Carvalho, 60
04012-120, São Paulo, SP
Tel.: (11) 5572-9474
www.alaude.com.br

SUMÁRIO

Prefácio 7

1   O fazendeiro que gostava de carros 8

2   Dupla imigração 18

3   O início de tudo 20

4   Nascido para correr 30

O desafio das Mil Milhas 46

5   O Carcará 52

6   A Lumimari / A Puma 58

7   O GT 4R 96

8   Onça com sangue italiano 102

9   O Passat Malzoni 108

Davi contra Golias 110

10 A volta do GT Malzoni 116

11 Três Malzonis em Monterey 132

12 Do sonho à realidade 136

O princípio – Depoimento de Mário César de Camargo Filho 140

Meu amigo Rino Malzoni – Depoimento de Bird Clemente 144

A saga dos Malzonis – Depoimento de Miguel Crispim Ladeira 146

Um carro e uma corrida inesquecíveis – Depoimento de Chico Lameirão 148

A cronologia do Malzoni com mecânica DKW 156

Agradecimentos 157

PREFÁCIO

Apesar de ter criado carros que entraram para a história da indústria automobilística brasileira, Rino Malzoni não se preocupava em registrar oficialmente a construção e a autoria de seus automóveis. Por isso, foram repórteres fotográficos ou amigos que tiraram a maior parte das fotos que mostram a fabricação de seus protótipos na fazenda em Matão ou em Araraquara, ambas no interior do estado de São Paulo. Talvez isso explique uma certa confusão em torno da autoria dos modelos que ele desenvolveu. Para muitos, a história de Rino Malzoni como construtor de carros se concentra nos primeiros GT Malzonis e nos modelos da Puma, mas seu gênio e seu trabalho foram também empregados em veículos que não chegaram a ser fabricados em grande quantidade, como o Onça, o GT 4R e o Carcará.

Quando meu pai começou a criar seus carros, no início dos anos 1960, o Brasil vivia a efervescência criativa da contracultura e o então presidente Juscelino Kubitschek estabelecia um ambicioso plano de desenvolvimento para o país, do qual a vinda de montadoras multinacionais de automóveis era parte central. Ao longo de uma década meu pai se dedicou a criar e fabricar carros especiais genuinamente brasileiros, em uma trajetória nem sempre fácil, mas desde sempre inspiradora. Sem apoio do governo – ao contrário do que acontecia em outros países, onde fábricas independentes recebiam incentivos –, ele ajudou a concretizar a Puma, indústria que produziu um esportivo exportado para mais de cinquenta países e que passou a ser manufaturado sob licença na África do Sul, onde, mais de quarenta anos depois, continua a ser fabricado; um caso único no país. Assim como é única a honraria concedida ao DKW Malzoni, o primeiro veículo brasileiro a ser exibido no Museu Audi Mobile, em Ingolstadt, na Alemanha.

Transformar ideias e sonhos em realidade era o que movia Rino Malzoni, um homem generoso, caloroso e alegre – um apaixonado por carros e por desafios. É essa a história que este livro vai contar.

Kiko Malzoni

CAPÍTULO 1

O FAZENDEIRO QUE GOSTAVA DE CARROS

Rino Malzoni gostava de carros. Gostava tanto que um dia, no início da década de 1960, resolveu fazer um. Era um modelo esportivo que usava componentes mecânicos disponíveis no mercado, com linhas que lembravam os mais velozes carros italianos. Ele o chamou de GT Malzoni. Esse carrinho, que para muitos não passava de capricho de um jovem rico, fez nascer uma empresa que construiu mais de 20.000 veículos. Também levou ao surgimento de um novo ramo da indústria nacional, com dezenas de pequenos empreendedores dedicados à fabricação de carros especiais, de série limitada.

A época era propícia, pois desde os anos 1950 o Brasil estava em ebulição, empolgado com a construção de sua nova capital, Brasília. Rasgavam-se estradas para o oeste e o norte, pontilhando o mapa com novas cidades. Foi o tempo da bossa nova, do cinema novo, de uma arquitetura revolucionária, da criatividade à solta. No meio de tudo isso, incentivada pela política dos "cinquenta anos em cinco", do presidente Juscelino Kubitschek, surgia a indústria do automóvel.

Foi um início tímido. Em vez dos carrões americanos que até então dominavam o mercado, os primeiros automóveis nacionais não eram exatamente empolgantes. Mas, mesmo pequenos, pouco potentes e até mesmo frágeis para a condição de nossas estradas, DKWs, Renaults e Volkswagens foram se integrando à nossa paisagem urbana, junto com alguns poucos modelos maiores, como o Aero-Willys e o Simca, e, em poucos anos, passaram a dominá-la.

Rino Malzoni criou seu carro longe da efervescência das grandes cidades. Ele o construiu num galpão da Fazenda Chimbó, no interior do tranquilo município de Matão, a 300 km da capital paulista. O GT Malzoni 2+2 era bom e bonito, e logo chamou a atenção de muitos. Emprestado à revista *Quatro Rodas* para avaliação, mereceu inúmeros elogios, e, segundo a reportagem, várias pessoas quiseram comprá-lo. Posteriormente Rino criou outras versões do carro, que ganhou fama nas pistas e evoluiu. Muita gente queria ter um, e foi preciso criar uma empresa para fabricá-lo. Surgiu assim uma nova marca, a Puma.

O primeiro Malzoni era um cupê de quatro lugares que unia esportividade à possibilidade de ser usado como um carro familiar. Utilizava o chassi do DKW-Vemag, um carro de origem alemã, com tração dianteira e motor de dois tempos, uma configuração mecânica não muito comum numa época em que ainda predominavam a tração traseira e o motor de quatro tempos. A arquitetura do DKW, que era dotado de uma estrutura independente da carroceria, foi determinante para sua escolha como base do Malzoni, por possibilitar a adaptação de uma carroceria diferente da original sem maiores dificuldades.

Apesar de manter a distância entre-eixos original do DKW, o Malzoni 2+2 era mais curto do que o carro produzido pela Vemag, além de mais baixo. A carroceria em chapa de aço não proporcionava uma redução de peso significativa, mas a menor área frontal ajudava no desempenho. Do ponto de vista mecânico, a única alteração foi a mudança de posição da alavanca do câmbio, originalmente posicionada na coluna da direção, para o assoalho.

O segundo Malzoni GT também foi construído com chapa de aço, mas não se tratava de uma mera evolução do primeiro. A principal alteração foi o encurtamento do chassi, o que deu ao carro maior agilidade nas curvas de baixa velocidade e reduziu o diâmetro de giro. Essa medida, mais tarde, tornaria o carro imbatível em corridas de rua e circuitos sinuosos. A nova versão foi imediatamente testada nas pistas, com o apoio da equipe de competições da Vemag.

Nesta página e nas próximas: Em 1964, Rino Malzoni, sua mulher, Anita, e o filho, Kiko, visitam o Salão do Automóvel de São Paulo, ocasião em que o GT Malzoni Tipo IV foi exposto.

1965

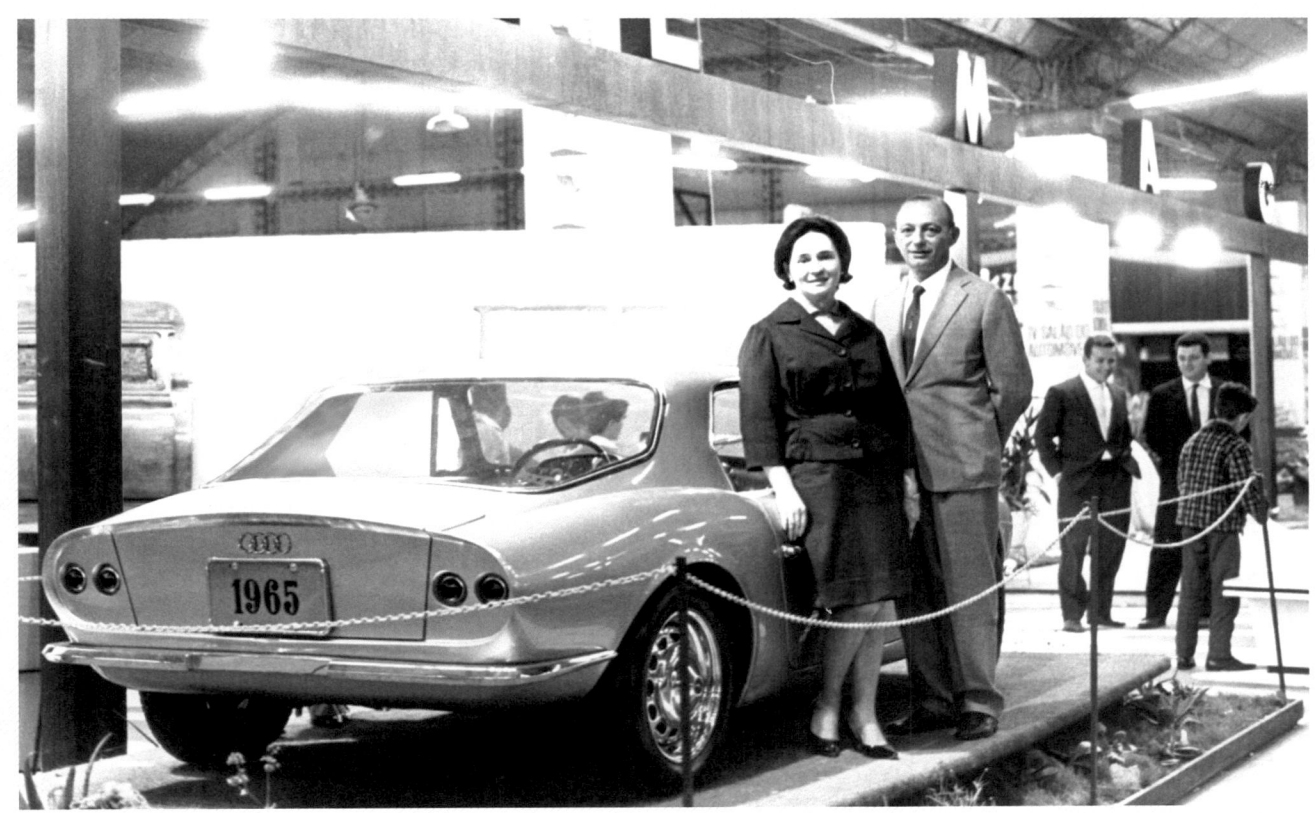

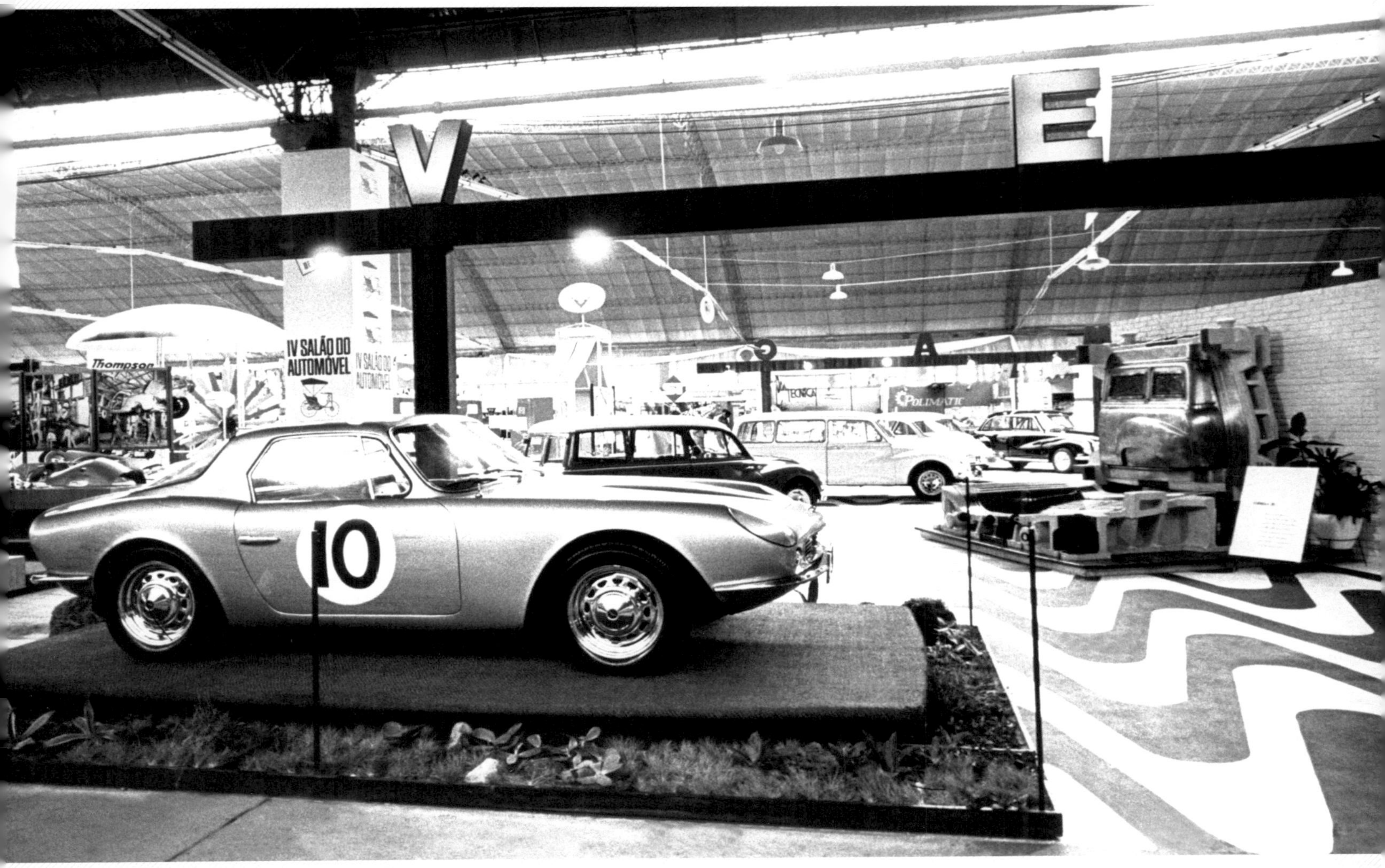
IV SALÃO DO AUTOMÓVEL
Thompson
10

Ao lado: O piloto Mário César de Camargo Filho, o Marinho, e a mulher prestigiam a exibição do GT Malzoni em São Paulo.

Rino (à esquerda), ao lado da filha, Maria do Rosário – a Rô – e do genro, Carlos Fischer.

O outro protótipo, o Tipo IV, serviu de base para a confecção dos moldes para a produção das primeiras carrocerias em fibra de vidro.

Versão definitiva do GT Malzoni e levando na grade dianteira o logotipo da DKW, o Tipo IV foi uma das principais atrações do Salão do Automóvel de São Paulo de 1964, embora tenha chegado à mostra alguns dias depois da abertura.

O fazendeiro que gostava de carros   17

Na festa de casamento realizada na Fazenda Chimbó, os noivos Rô e Carlos, rodeados por amigos e familiares, saíram para a lua de mel em grande estilo: o carro foi um presente de Rino para a filha.

Em julho de 1966, Rino deu o carro de presente de casamento à filha, Maria do Rosário. Muitos dos que compareceram à festa, que ocorreu na Fazenda Chimbó, ainda se recordam do carro estacionado num lugar de destaque, em frente à casa.

CAPÍTULO 2

DUPLA IMIGRAÇÃO

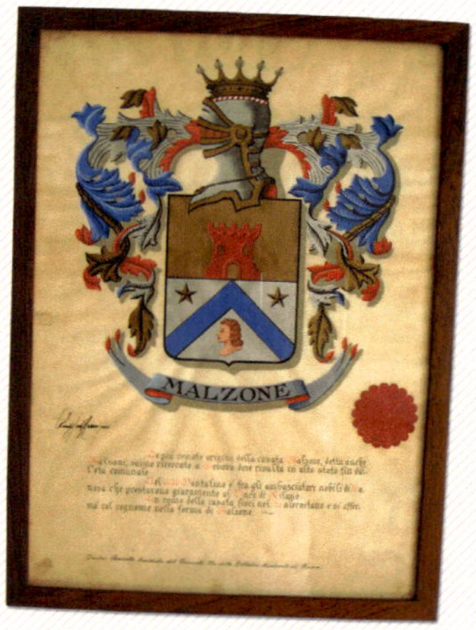

Genaro Domenico Nuncio Malzoni era o nome completo de Rino, que ganhou o apelido por ser chamado, quando criança, de Genarino. Nascido na Itália em 1917, Rino veio para o Brasil na companhia dos pais em 1922, aos cinco anos de idade.

A história da imigração dos Malzonis – que, na Itália, também se chamavam Malzone e possuíam título de nobreza – é bastante incomum e difere da trajetória da maioria dos italianos que vieram para cá no século XIX. Rino nasceu na Itália, mas seu pai era brasileiro, pois seu avô, também chamado Genaro, viera para o país em 1859. Diferentemente da grande massa de imigrantes de então, não tinha chegado à procura de emprego, pois sua família, originária de Fornelli, um povoado nas montanhas próximo de Nápoles, tinha uma boa situação financeira e possuía terras e propriedades onde produzia azeitonas e vinho.

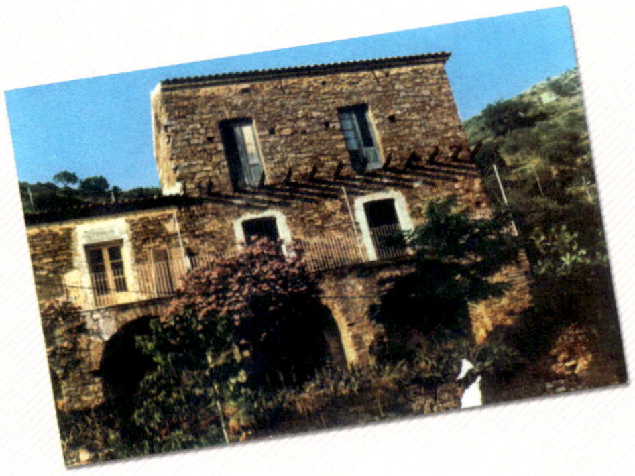

O patriarca, Genaro, ao chegar ao Brasil, comprou terras na região de Matão, no interior de São Paulo, onde fundou a Fazenda Trindade. Curiosamente, ele e seus dois irmãos mais moços eram casados com três irmãs. Em sua fazenda, Genaro dedicou-se à produção de café, então o principal produto agrícola brasileiro.

Empreendedor, ele não apenas produzia, mas também exportava, provavelmente explorando laços comerciais com sua terra natal. Para tanto, abriu em Santos, principal porto do país, um entreposto chamado Casa Comissária. Antes disso, ele e os irmãos já haviam constituído um banco chamado Casa Bancária Irmãos Malzoni.

Acima, à esquerda: Casa da família Malzoni em Fornelli, Itália.
Acima, à direita: Brasão da família.
À direita: Os irmãos Genaro, Domenico e Nunzio Malzoni fundaram a Fazenda Trindade.

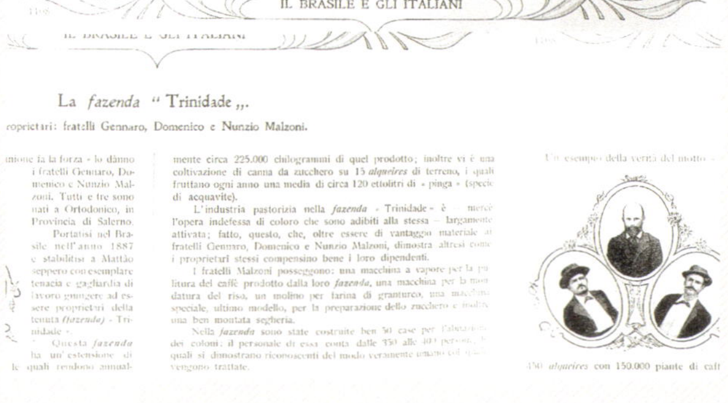

Talão de cheques do banco fundado por Genaro Malzoni, avô de Rino.

Francisco Malzoni Neto, o pai de Rino, nasceu no Brasil e só foi conhecer a Itália em 1898, quando o pai, Genaro, decidiu voltar à terra natal. Lá ele estudou e conheceu sua futura esposa, Imaculatta Matarazzo, com quem casou e teve quatro filhos: Rino (Genaro), Catarina, Fulvio e Tereza. Na Itália, a família passou os anos tumultuados da Primeira Guerra Mundial (1914-1918) antes de Francisco decidir retornar ao Brasil.

No Brasil, Francisco Malzoni Neto voltou à região de Matão e reassumiu os negócios da família. Muitos anos depois, em 1953, ele comprou a Fazenda Chimbó, nome de uma árvore típica local (os dicionários atuais grafam a palavra com "x": ximbó). A propriedade logo se tornou produtiva, empregando muitos funcionários e utilizando muitas máquinas e implementos agrícolas. Além das plantações, produzia num engenho próprio uma famosa cachaça, Saudades do Matão, marca derivada do nome de uma popular canção sertaneja.

Quando a Fazenda Chimbó foi comprada, Rino já era adulto e estava casado. Apesar de, desde cedo, demonstrar gosto pela tecnologia, ele estudou Direito na tradicional Faculdade de Direito do Largo São Francisco, após terminar o curso secundário no Colégio Rio Branco, em São Paulo. Formado, foi trabalhar no Departamento Jurídico da Companhia Sul-Americana de Metais, propriedade do industrial Francisco "Baby" Pignatari, conhecido personagem das colunas sociais e *playboy* internacional. Mas a experiência como advogado não durou muito.

Na noite de Natal de 1941, ano de sua formatura, Rino Malzoni tornou-se noivo de Anita, com quem casaria dois anos depois. Anita era filha de José Artimonte, também fazendeiro de Matão e velho amigo do pai de Rino. O patriarca Artimonte tinha nove filhos, e um deles, Armando, era um dos melhores amigos de Rino, o que facilitou a aproximação com Anita.

Rino e Anita tiveram dois filhos, Maria do Rosário, a Rô, nascida em 1947, e Francisco, o Kiko, em 1955. Rino foi forçado a voltar à Itália de forma inesperada em 1949, quando sofreu um grave acidente enquanto dirigia um BMW na estrada de terra que ligava Matão a Araraquara. Um caminhão entrou repentinamente na pista e a colisão foi inevitável. Rino ficou seriamente ferido e, apesar de ter sido levado rapidamente para São Paulo, correu o risco de perder o braço direito. Por insistência da mãe, dona Imaculatta, foi procurar tratamento em seu país de origem, onde recebeu um enxerto no antebraço. Mesmo recuperado, exibiu uma grande cicatriz até o fim da vida.

Da esquerda para a direita: Armando Artimonte, Anita e Rino Malzoni.

CAPÍTULO 3

O INÍCIO DE TUDO

"Io voglio la machina! Io voglio la machina!"

Conta a tradição da família Malzoni que o pequeno Rino teria reclamado muito ao partir da Itália para o Brasil em 1922. Apesar de ter apenas cinco anos, ele queria que o pai embarcasse o carro que adorava, um Alfa Romeo, e o trouxesse junto na viagem.

Se hoje todo menino costuma gostar de carros, na época isso provavelmente acontecia de forma muito mais intensa. Os automóveis ainda eram poucos e não estavam ao alcance da maioria das famílias. Na Europa, pararam de ser fabricados por mais de quatro anos, durante a Primeira Guerra Mundial, e no ano em que os Malzonis voltaram para o Brasil a produção italiana mal havia começado a voltar ao normal.

Bom gosto o menino Genaro já demonstrava. A marca Alfa Romeo era recente, só começou a ser usada em 1921. Os historiadores divergem sobre o primeiro modelo a usar o nome (anteriormente era apenas A.L.F.A., as iniciais de Anonima Lombarda Fabrica Automobili), divididos entre o potente G1 ou o "torpedo" 20/30 HP. Os dois eram carros caros e, por isso, foram produzidos em escala muito pequena. O fato de a família possuir um era indicativo de boa situação financeira.

Nos primeiros anos da década de 1920, o Alfa Romeo também foi o carro predileto de um jovem piloto que, décadas mais tarde, influenciaria muitos dos projetos de Rino. Foi pilotando um Alfa Romeo que Enzo Ferrari começou a se destacar como volante nas desafiadoras corridas realizadas nas estradas italianas, muito antes de passar a produzir seus próprios carros.

A paixão de Rino pela mecânica se manifestou já no início da adolescência. Na Fazenda Trindade, em meio a tratores e máquinas das mais variadas, ele encontrou o ambiente ideal para aprofundar seus conhecimentos, no período de férias escolares, quando voltava de São Paulo. Passava horas no galpão que servia de oficina, montando e desmontando os equipamentos agrícolas, e saía apenas ao ser chamado para o almoço por dona Imaculatta, que invariavelmente o repreendia por estar coberto de graxa e exigia que fosse se lavar.

Também foi na fazenda que ele aprendeu a dirigir. Com apenas 14 anos, guiava tudo o que tinha roda e motor: tratores, caminhões e, é claro, automóveis.

Foi para conversar e aprender mais sobre carros que ele passou a frequentar a oficina do tio Gino Torchio, no centro de Matão. Gino, ou melhor, Luigi, era casado com Maria Augusta, irmã de Francisco Malzoni Neto, e havia chegado da Itália em 1926.

Na Itália, o pai de Rino tinha sido cliente da oficina do pai de Gino Torchio. No Brasil, passou a usar os serviços do cunhado, cujo estabelecimento era, segundo contam, muito bem equipado e contava com torno mecânico, plaina, serra, retífica, solda a oxigênio e compressor de ar. Ampla, a oficina estava apta a realizar qualquer tipo de serviço, numa época em que a flexibilidade dos mecânicos era muito importante: todos os carros eram importados e havia uma grande variedade de marcas e modelos. A falta de peças de reposição muitas vezes obrigava os profissionais a fabricarem eles mesmos os componentes gastos ou danificados. Além disso, os veículos eram caros e esperava-se que pudessem ser usados por muitos anos.

Rino aprendeu muito com o tio ao acompanhar a rotina de manutenção e reparo de motores, câmbios e suspensões. Ao mesmo tempo, criou uma forte amizade com o primo-irmão matonense José Torchio, apesar de ser quase dez anos mais velho do que ele. Foi na oficina do tio que executou seu primeiro grande projeto automobilístico, no final dos anos 1940: transformar um enorme Lancia tipo "torpedo" (carroceria aberta com quatro portas) num roadster de dois lugares, certamente inspirado nos MGs, carros esporte ingleses que eram a coqueluche da juventude na época.

José Torchio conta que estudava em São Paulo, por volta de 1950, quando recebeu a visita do primo mais velho, que vinha retirar da concessionária um novo carro, não por coincidência, um esportivo britânico. Rino havia comprado um Austin A90 Atlantic conversível produzido pela marca inglesa com o objetivo de conquistar o coração e o bolso dos ricos jovens americanos.

Com 90 cv, o carro atingia quase 150 km/h e tinha um estilo único, que atraía olhares por onde passava e despertava inveja e admiração. Para surpresa de Torchio, assim que saiu da loja, no centro da cidade, Rino pediu a ele que o levasse a uma oficina no então distante bairro de Santo Amaro, na Zona Sul da capital. Lá mandou modificar inteiramente a dianteira.

Rino era assim. Seus carros tinham que ser diferentes, moldados ao seu gosto. Não havia nada que saísse de uma linha de montagem que o satisfizesse integralmente. Nem o Austin nem outro conversível, um BMW 328 anterior à Segunda Guerra, que comprara alguns anos antes – aquele em que sofreu o acidente que o forçou a voltar à Itália. "Era uma baratinha linda, vocês se lembram?", indagou José Torchio. "Pois ele não gostou da grade e mandou mudar tudo na oficina do meu pai." Não respeitou também uma Maserati cupê 1952, comprada de Eduardo Matarazzo: primeiro, modificou sua frente, para torná-la mais aerodinâmica. Depois, trocou a mecânica original por um motor V-12 de 3 litros e o câmbio de uma Ferrari 250 Testarossa. Nessa época, vendeu a seu sobrinho Paulo Malzoni uma Ferrari 166 MM Barchetta, um carro raríssimo, do qual apenas 25 unidades foram produzidas.

Essas não eram brincadeiras sem fundamento. Para se manter em dia com o que havia de mais novo no mundo do automóvel, Rino assinava as principais revistas automobilísticas europeias e americanas. Através delas, acompanhava as tendências de estilo e o desenvolvimento tecnológico da indústria, que ainda não havia se estabelecido no Brasil. Era uma leitura atenta, minuciosa. Fazia anotações nas margens e esboçava modificações sobre as fotos e os desenhos publicados.

As revistas eram colecionadas, cuidadosamente encadernadas em grandes volumes com capa de couro. Parte dessas relíquias é guardada ainda hoje, como um tesouro, pelo engenheiro matonense Danilo Bambozzi, especialista em aquecimento solar. Devotado fã de Malzoni, ele salvou do fogo dezesseis conjuntos dessas publicações, que não cansa de folhear à procura das muitas intervenções e carros feitos por Rino.

Curiosamente, foi um projeto nada audaz que levou Rino a montar sua própria oficina. Num dos galpões da Fazenda Chimbó havia um velho Ford Modelo A em péssimo estado de conservação. Ele o mandou para ser desmontado completamente no estabelecimento do tio, recuperando cuidadosamente todas as peças do carro e, como não podia deixar de ser, introduzindo alguns aperfeiçoamentos. O Fordinho voltou a rodar com uma nova capota de lona, mais elegante que a original e bem mais fácil de abrir e fechar.

O episódio não foi esquecido por José Torchio, apesar de, na época, ser apenas um garotinho. "Deu um trabalho danado", recorda. "Papai tinha uma opinião diferente da de Rino, gostava de manter os carros originais, iguais a quando saíram da fábrica. Já o Rino só pensava em modificar, melhorar. Já estava no sangue dele."

Para Gino Torchio, o Modelo A foi a gota d'água. Teve uma conversa séria com o sobrinho, para explicar que não podia mais aceitar trabalhos como aquele, que exigiam muita dedicação, tomavam muito tempo e ocupavam todos os recursos da oficina, atrapalhando os serviços de outros fregueses. Sua sugestão, caso quisesse continuar a mexer com carros, era que arranjasse um espaço na fazenda e contratasse um bom profissional para trabalhar só para ele.

Àquela altura, Rino tinha mais de 40 anos de idade e já havia feito praticamente de tudo com seus automóveis. O próximo passo seria criar seu próprio carro, mas primeiro precisava de um bom mecânico. Mais que um mecânico, alguém que também fosse um excelente funileiro, pintor, eletricista e tapeceiro. Conhecia um profissional assim, alguém que já havia feito vários serviços para ele numa pequena oficina na cidade de Araraquara. Com uma boa proposta, Pedro Molina mudou-se para a Fazenda Chimbó, para ser seu braço direito na nova oficina, instalada num galpão da fazenda.

Um esportivo nacional era o que estava faltando no Brasil. A indústria automotiva havia chegado, ainda timidamente, no final da década de 1950. Estava se firmando, mas ainda não produzia carros capazes de alterar a pulsação de quem apreciava beleza e velocidade. A Vemag, pioneira, trouxera o DKW, com a fabricação dos modelos sedã, perua e jipe. A Volkswagen começou com a Kombi e fabricava o Fusca e o Karmann-Ghia (que, apesar de esportivo na aparência, não era um carro veloz). A Simca fazia o Chambord, um francês com genes americanos, e a Willys, o pesado sedã Aero-Willys, os utilitários Jeep e Rural e os frágeis franceses da Renault, Dauphine e Gordini. O que havia de mais moderno e empolgante era o FNM JK, versão verde-amarela do italiano Alfa Romeo 2000.

Para construir seu primeiro carro, Rino optou pela mecânica DKW, uma marca que já admirava havia tempos. Foi uma escolha quase óbvia: o pequeno carro era resistente e tinha uma estrutura tradicional, com chassi separado da carroceria. O motor, dianteiro, apesar de ter apenas 1 litro de capacidade, era de dois tempos e alcançava cerca de 50 cavalos de potência. A outra opção disponível com arquitetura semelhante, o sedã Volkswagen, construído sobre uma plataforma de aço estampado, contava apenas com cerca de 30 cv, de um motor com 1.200 cm^3 colocado na traseira.

Foi um processo de criação e aprendizado. Por volta de 1962, partindo de um desenho básico, Rino começou a fazer um gran-turismo 2+2 (com quatro lugares) sobre um chassi DKW. A construção levou quase dois anos. O processo era empírico – basta contar que primeiro foi feita a carroceria para, posteriormente, o chassi ser adaptado a ela. As peças iam sendo feitas e, se o resultado não fosse satisfatório, eram modificadas.

Outro homem-chave da oficina de Rino foi Francisco Vaida, que entrou em sua equipe alguns anos após Molina. Ele também foi descoberto em Araraquara, onde trabalhava numa oficina de caminhões. Sua especialidade era juntar partes de duas ou três carrocerias danificadas em acidentes e criar uma nova, o tipo de talento do qual Rino precisava. "Ele foi lá e me ofereceu três vezes o que eu ganhava para me mudar para a fazenda e trabalhar para ele", contou o funileiro, numa entrevista dada em 2006, pouco mais de um ano antes de falecer. "Não dava para recusar."

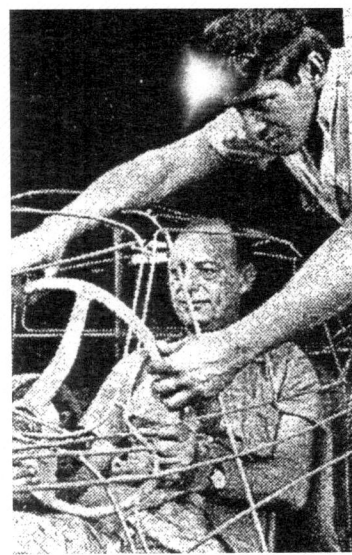 

À esquerda: Rino testa o projeto da cabine sob o olhar de Chico Vaida. À direita: Rino (na cabine) troca impressões sobre o protótipo com Alfredo "Alemão" Bergame (à frente) e Chico Vaida.

Nesta página e ao lado: Protótipo do DKW Malzoni GT 2+2 Tipo I, em 1963.

Ao fundo, atrás do protótipo, é possível ver o engenho da fazenda e o galpão onde Rino projetava e construía seus carros.

Estas imagens de época mostram o desenvolvimento do protótipo do GT 2+2 Tipo I na fazenda de Rino.

"No início, ele disse que daria uns desenhos do carro para a gente executar", contou Vaida. "Mas só aparecia com umas fotos, tiradas de revistas. A gente ia moldando o carro como ele pedia: se não ficava bom, desmanchava." Outro mecânico, Dorival Molina Turpim, acrescenta: "Às vezes ele chegava com um para-lama de Simca ou de Aero-Willys e pedia para a gente cortar, estreitar ou alargar."

Dorival foi levado para a fazenda Chimbó pelo irmão, Pedro, para trabalhar nas oficinas da fazenda e na "fábrica" de Malzoni. Ficou por lá durante trinta anos e, entre suas várias funções, também foi motorista da família. "Na parede da oficina ficava uma lousa com o desenho do carro de lado", recorda. Um desenho que, segundo ele, era constantemente modificado.

Rino começou seu primeiro carro com uma estrutura de ferro de construção, definindo suas linhas básicas. Colocava um banco dentro do esqueleto, sentava nele e dizia aos mecânicos como queria a altura do teto, a inclinação do para-brisa, a posição do painel. Os mecânicos aqueciam e dobravam o ferro conforme suas instruções. Depois, a armação foi coberta com papelão, para definir melhor a curvatura das formas. "Quando ele ficou satisfeito, começamos a bater a chapa para fazer a carroceria. Mas ele ainda mudou muita coisa", conta Molina.

O carro ficou pronto no final de 1962 e foi chamado de GT-DKW-Vemag. Além das formas, nitidamente inspiradas nas Ferraris e em outros esportivos italianos da época, tinha um toque de esportividade que hoje pode parecer comum, mas naquele tempo era uma novidade: a alavanca de câmbio, que no sedã da DKW ficava na coluna da direção, fora colocada no assoalho.

Mais baixo, com melhor aerodinâmica e inegavelmente muito mais bonito que o carro de passeio original feito pela Vemag, não havia como o novo carro deixar de chamar a atenção, principalmente de gente apaixonada por automóveis. Rino foi com ele a São Paulo e, imediatamente, o GT foi notado por Mário César de Camargo Filho, o Marinho, um dos mais talentosos pilotos daquela época.

CAPÍTULO 4

NASCIDO PARA CORRER

O GT Malzoni foi um carro desenvolvido especificamente para correr. Suas primeiras três unidades foram encomendadas pela equipe Vemag e logo iriam se destacar nas pistas. O desempenho e o sucesso obtido pelo novo modelo foram determi-

Abaixo: Largada do Grande Prêmio Quarto Aniversário da Associação Paulista de Volantes de Competição (APVC), realizado no circuito de Interlagos, em São Paulo, no dia 12 de junho de 1966. Na página ao lado: Matéria da revista *Autoesporte* sobre a prova de resistência realizada em Recife em 14 de março de 1965.

I TRÊS HORAS DE VELOCIDADE

OS PILOTOS

JAIME SILVA — Andou com a cabeça obedecendo às instruções de Chico Landi. Não se afobou quando Marinho foi para a ponta numa tentativa de liquidar a corrida na primeira hora. Manteve a diferença razoável, numa regularidade de impressionar, sempre entre 1 e 46 e 1 e 48. Depois da quebra de Marinho, correu sòzinho, folgado, sem exigir o carro, sempre entre 1 e 50 e 1 e 56. Chegou até a passear em dois minutos. Estêve calmo e mereceu a vitória.
FRANCISCO LAMEIRÃO — Foi a grande vedeta da corrida. Tocou sempre na base de 1m56s, um ótimo tempo para o seu carro equipado com motor do grupo 2. Demonstrou perícia e coragem, especialmente na curva do balão. Nota 10 para êle.
CLÁUDIO BANDEIRA — Fêz a maior corrida de sua vida. Estêve sempre "ali" com Chiquinho e mereceu palmas da assistência.

O corredor com uma única vitória (em Maceió), desponta bem entre os volantes locais.
GEGÊ BANDEIRA — Não foi ainda desta vez que obteve a sua primeira vitória na terra natal. Já ganhou 2 na Paraíba, 2 em Fortaleza e uma na categoria em São Paulo, mas está rezando por um laurel no Recife. Não fêz a sua melhor corrida, mas é de se destacar que não alinhou em perfeitas condições psicológicas. Não desanime, Gegê. Assim mesmo, em alguns trechos, confirmou sua condição de pilôto número 1 do nordeste.
MARINHO — Foi com muita sêde ao pote, mas não se pode negar méritos à sua atuação, enquanto estêve na carreira. Tirou do carro tudo o que êle podia lhe dar, bateu o recorde da pista e deu "show".
SCURACCHIO — Outro que exigiu demais do seu carro. Correu acima da expectativa, até que o motor deu o "prego".
ARMANDO — Êste é o melhor pilôto de Fortaleza, e demostrou muita garra. Mas foi traído pela sua falta de experiência nesse tipo de pista. Está habituado a correr no PICI, onde o leito da pista é muito largo e não há meio-fios, e pagou o preço da falta de "cancha". Mas merece muitos louvores, principalmente se se recordar que só tem três anos de atividades e começou a correr em 41. Chama a atenção de todos, pela sua tez morena, e lembramos que é o segundo pilôto "colored" do país: até agora só tínhamos tido Benedito Lopes.

OS CARROS

26 — A nova carretera Simca tem carroçaria cortada, com só 2,50 m entre-eixos, é mais baixa acerca de 10 cm do modêlo normal, está equipada com rodas de magnésio e pneus Dunlop Racing 600x13, caixa de mudança de 4 marchas à frente, freios de disco nas 4 rodas, e está equipado com 4 carburadores Weber 36, vertical. Seu pêso andava por volta dos 1 500 quilos.
9 — O nôvo protótipo Malzoni acusou de pêso cêrca de 680 quilos, carroçaria em fibra de vidro, motor grupo 3, pistão 78, equipado com carburador duplo e um duplo cortado.
10 — O Mickey tinha pêso pràticamente igual ao do protótipo, e idêntico conjunto mecânico. Igual mecânica equipava a carretera 12, enquanto que a carretera 11, da fábrica, e as demais, 4 e 42, particulares, contavam com motor do grupo 2, um único carburador.

MARINHO LIDEROU COM O PROTÓTIPO, SEGUIDO DE JAIME NA CARRETERA SIMCA, ATÉ PROBLEMAS MECÂNICOS O AFASTAREM DA LUTA

CLASSIFICAÇÃO FINAL

1.º - 26 - Jaime Silva — Simca - 97 voltas

2.º - 11 - Francisco Lameirão — DKW - 91 voltas

3.º - 4 - Cláudio Bandeira — DKW - 89 voltas

4.º - 10 - Gegê Bandeira — DKW - 88 voltas

ÊSTE É O PROTÓTIPO DKW-MALZONI QUE ESTREOU NO RECIFE COM MARINHO AO VOLANTE

Marinho, com o carro nº 10, e Chiquinho Lameirão, com o nº 11, dirigem seus DKW Malzoni na 2ª Seis Horas de Interlagos, realizada em 20 de junho de 1965.

nantes para sua trajetória e acabaram exigindo, pouco tempo depois, a constituição de uma estrutura adequada para atender às encomendas surgidas, tanto do carro de competição – a versão denominada Espartana – como do modelo para uso cotidiano.

A década de 1960 – conhecida também como "os anos de ouro" – foi extremamente importante para o automobilismo brasileiro. Com a implantação da indústria automobilística nacional, que tornou o automóvel mais acessível para a classe média, o número de corridas e de pilotos aumentou consideravelmente. Imediatamente, nasceu uma saudável rivalidade entre as marcas que aqui se instalavam.

À esquerda: Cacaio (Joaquim Carlos Telles de Matos), Emerson Fittipaldi e Miguel Crispim Ladeira no Rio de Janeiro, na prova Mil Quilômetros da Guanabara.
Acima: Rino e Marinho posam juntos antes da largada para os Mil Quilômetros da Guanabara, em dezembro de 1966.
Abaixo: Grande Prêmio Quarto Centenário, setembro de 1965.

Acima à esquerda: Em junho de 1966, na corrida da APVC, o GT Malzoni passa pela curva 1 de Interlagos entre o Karmann-Ghia Porsche da equipe Dacon e a berlineta da Willys. Acima à direita: Na preparação para a largada, Rino conversa com Marinho, enquanto o então jovem mecânico Crispim Ladeira faz os últimos ajustes no carro.

Ocupando rapidamente o espaço antes restrito aos carros importados e às carreteras e "charutos" da Fórmula Continental, Willys, Simca e Vemag passaram a disputar nas pistas a atenção e a preferência dos consumidores. A FNM, com o Alfa Romeo JK, um carro tecnicamente avançado, também se destacava, juntamente com os Alfa Romeos importados. A Volkswagen, maior fabricante nacional da época, apesar de não apoiar o automobilismo, foi representada brilhantemente pelos Karmann-Ghias com motores Porsche da Dacon, uma concessionária de São Paulo.

A busca por bons resultados nas pistas levou as fábricas a formarem equipes próprias e a apoiarem pilotos particulares que utilizavam seus carros. Nesse tempo surgiram novos talentos, que, em poucos anos, projetaram o Brasil no cenário automobilístico internacional – basta citar Emerson Fittipaldi, nosso primeiro campeão de Fórmula 1, seu irmão, Wilson, José Carlos Pace, Luiz Pereira Bueno, Bird Clemente, Francisco Lameirão e Marinho, entre tantos outros, tão numerosos que fica difícil listá-los sem cometer alguma injustiça.

Bandeirada final do 1º Festival Interclubes, realizado em Interlagos em 10 de outubro de 1965. Marinho Camargo foi o vencedor, com o nº 10, seguido por Chico Lameirão (nº 11) e Anísio Campos (nº 6).

No 5º Circuito de Piracicaba, o desfile dos vencedores Marinho Camargo (nº 10), Eduardo Scuracchio (nº 9) e Chico Lameirão (nº 11), em 8 de agosto de 1965.

A Vemag, fabricante dos DKWs, era uma das equipes mais aguerridas. Seus carros, com motores de dois tempos e tração dianteira, tinham uma tecnologia diferenciada da dos competidores, que os favorecia nas pistas mais sinuosas e, principalmente, em dias de chuva. Por outro lado, por serem construídos sobre um chassi reforçado e terem quatro portas, eram bastante pesados, o que prejudicava seu desempenho em circuitos que beneficiassem a velocidade.

Por mais que conseguissem arrancar cavalos extras do motor de três cilindros e apenas 1 litro, que originalmente tinha menos de 50 cv – fala-se em unidades com o dobro dessa potência –, os engenheiros, os técnicos e os pilotos da fábrica eram limitados pela configuração do carro de série, o sedã Belcar. Não foi por acaso que, tão logo viram o primeiro GT desenvolvido por Rino Malzoni, tenham se interessado em usá-lo nas pistas.

O GT Malzoni não teve um trabalho fácil, pois competiu com carros como os Alpines 1.300 da equipe Willys, trazidos da França; os Alfa Romeos GTA e Zagato vindos da Itália; os Simcas Abarth 2.000, importados especialmente pela fábrica; os poderosos Karmann-Ghias com motores Porsche 1.600 cm³ e 2.000 cm³ da Dacon; além da lendária carretera Chevrolet Corvette do piloto paulista Camilo Christófaro, com motor de 4.600 cm³, de 350 cv, e conjunto de câmbio e diferencial Ferrari montado junto ao eixo traseiro.

A estreia do GT Malzoni no mundo das competições aconteceu em 19 de julho de 1964, na prova Seis Horas ABCAT, em Interlagos. Pilotando o Tipo II, com carroceria de chapa de aço. Marinho conseguiu o quinto lugar na segunda bateria, com duração de duas horas, mas o carro quebrou.

Uma semana depois, ele voltou a correr, no circuito de rua da Barra da Tijuca, no Rio de Janeiro. Mesmo tendo abandonado a prova por problema mecânico na 27ª volta, o Malzoni foi um dos destaques da prova pelo duelo que manteve com o Karmann-Ghia Porsche.

A estreia do GT Malzoni Tipo II coincidiu com a primeira edição da corrida Seis Horas de Interlagos, realizada em 19 de julho de 1964.

O Malzoni entusiasmou a torcida na Barra da Tijuca. O nº 17 derrapou na curva e pregou um susto na rapaziada.

Marinho Camargo pilotou este GT Malzoni Tipo II
pelas curvas do circuito da Barra da Tijuca no
1º Quinhentos Quilômetros da Guanabara, corrida
realizada em 19 de outubro de 1964.

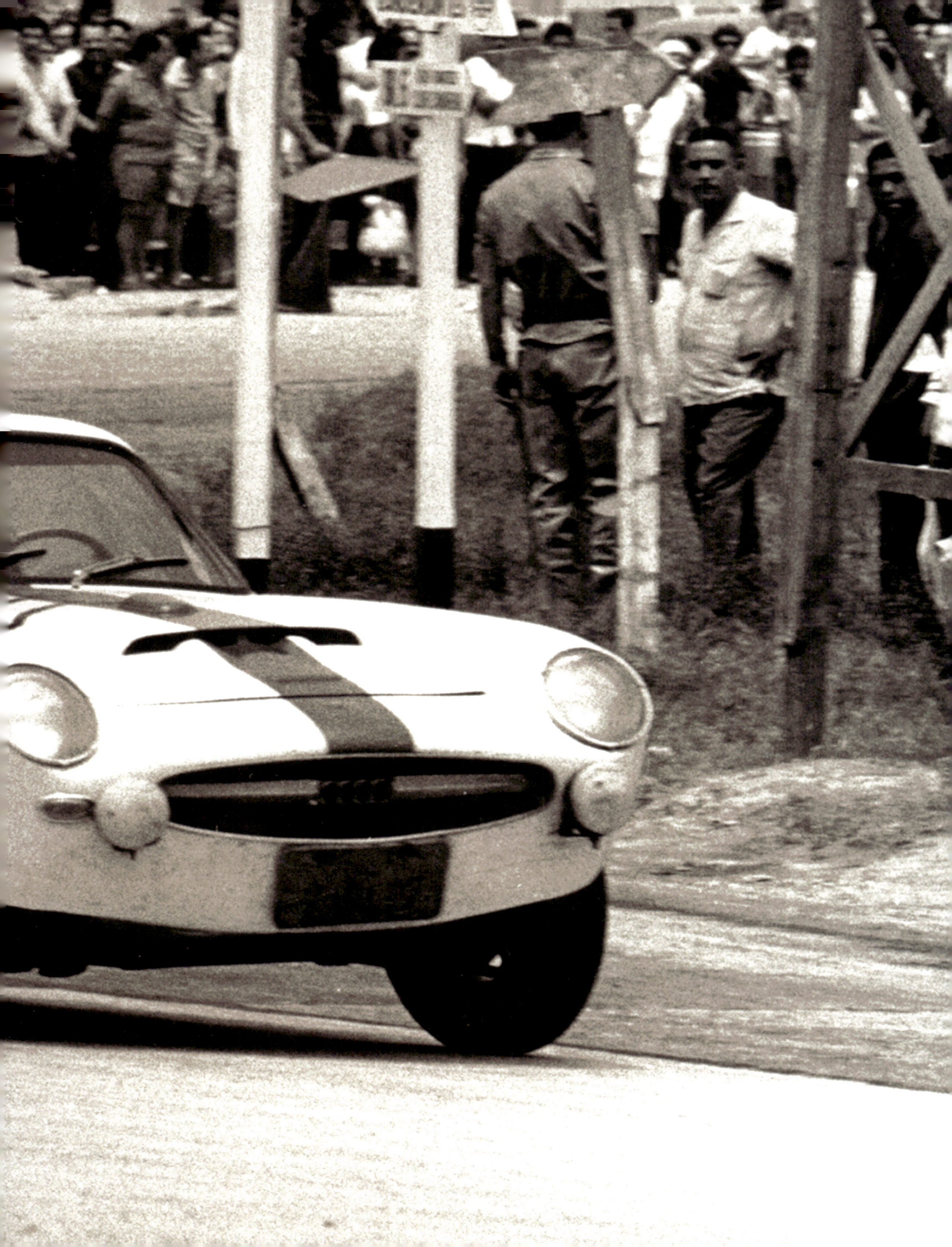

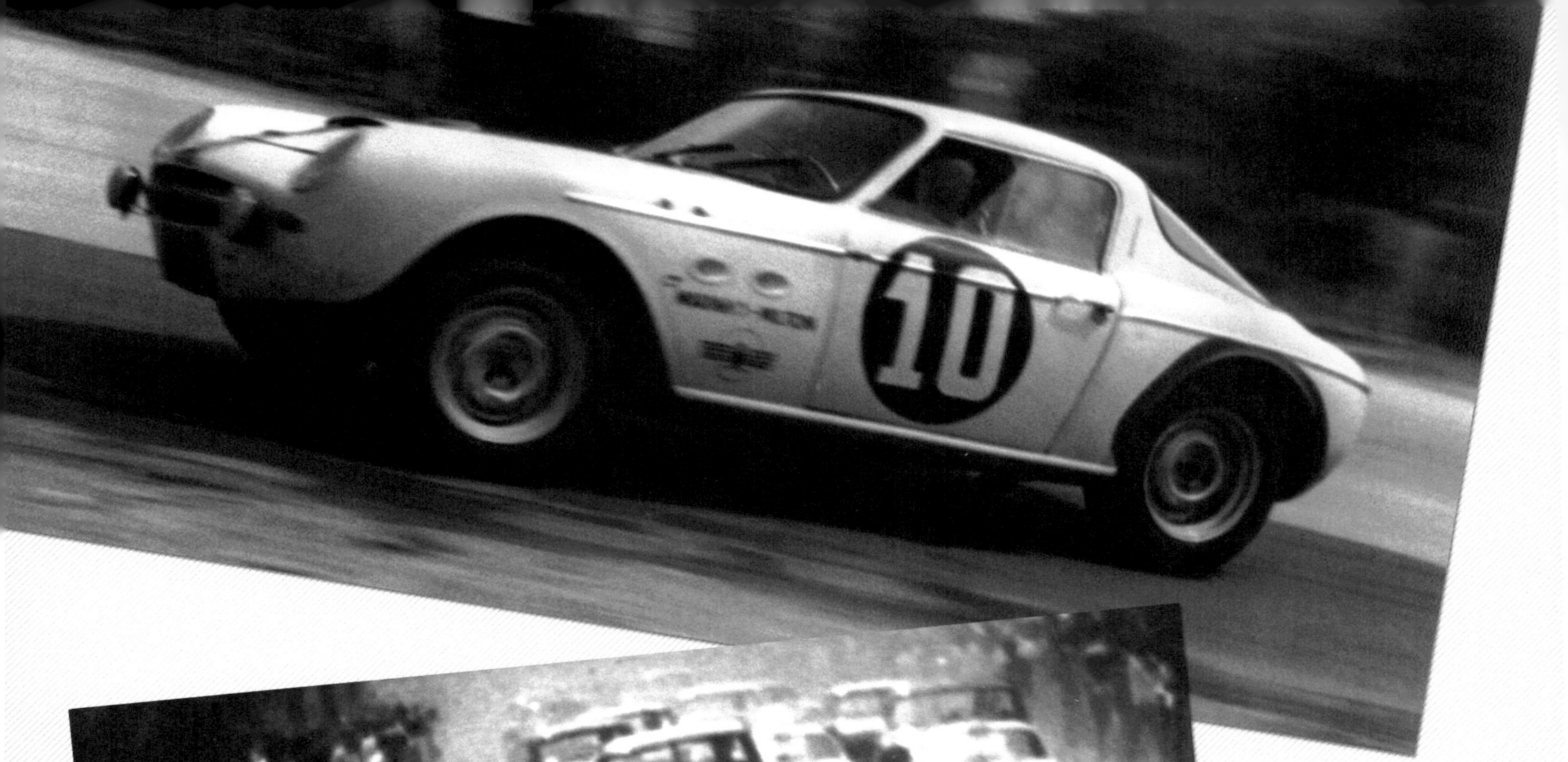
10

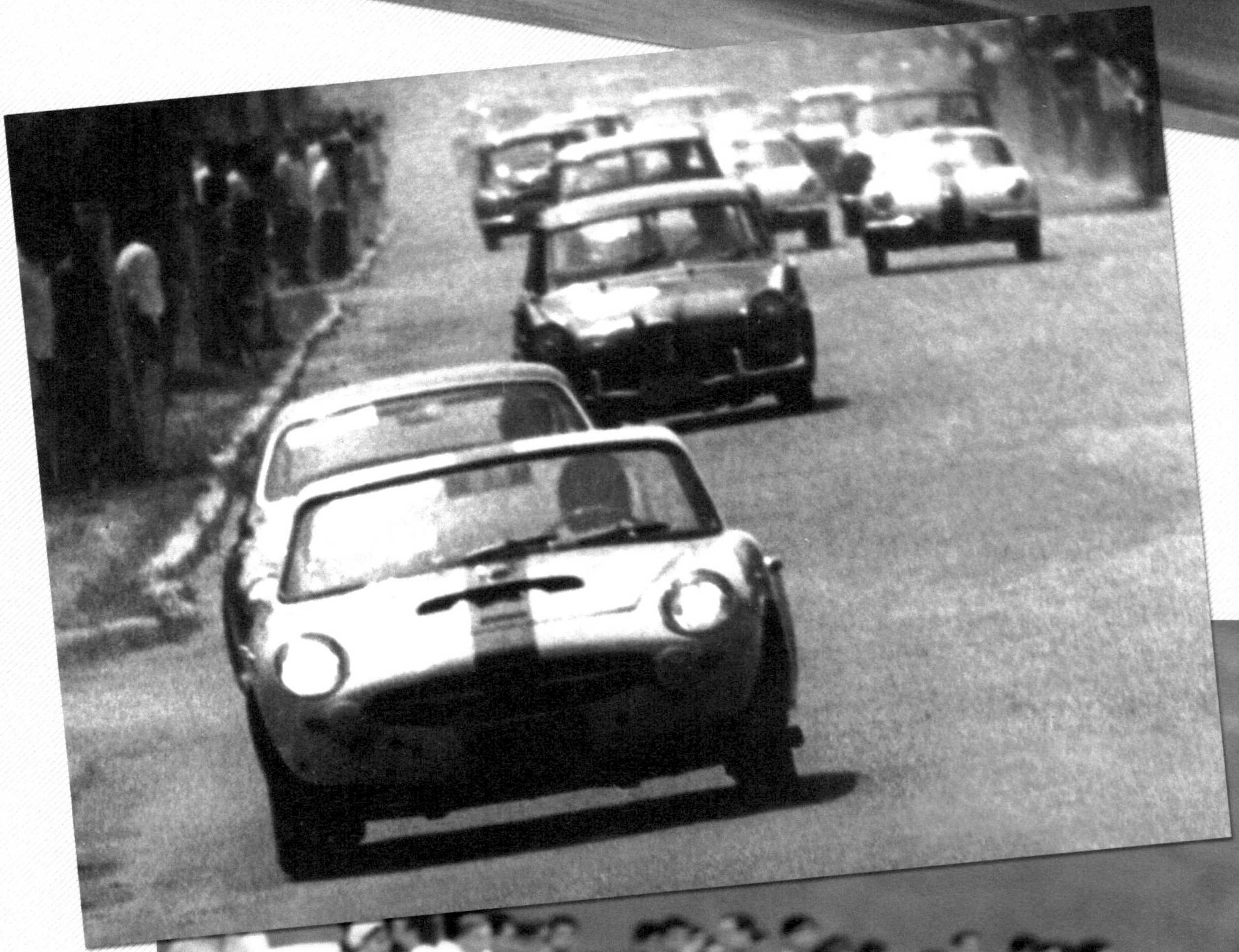

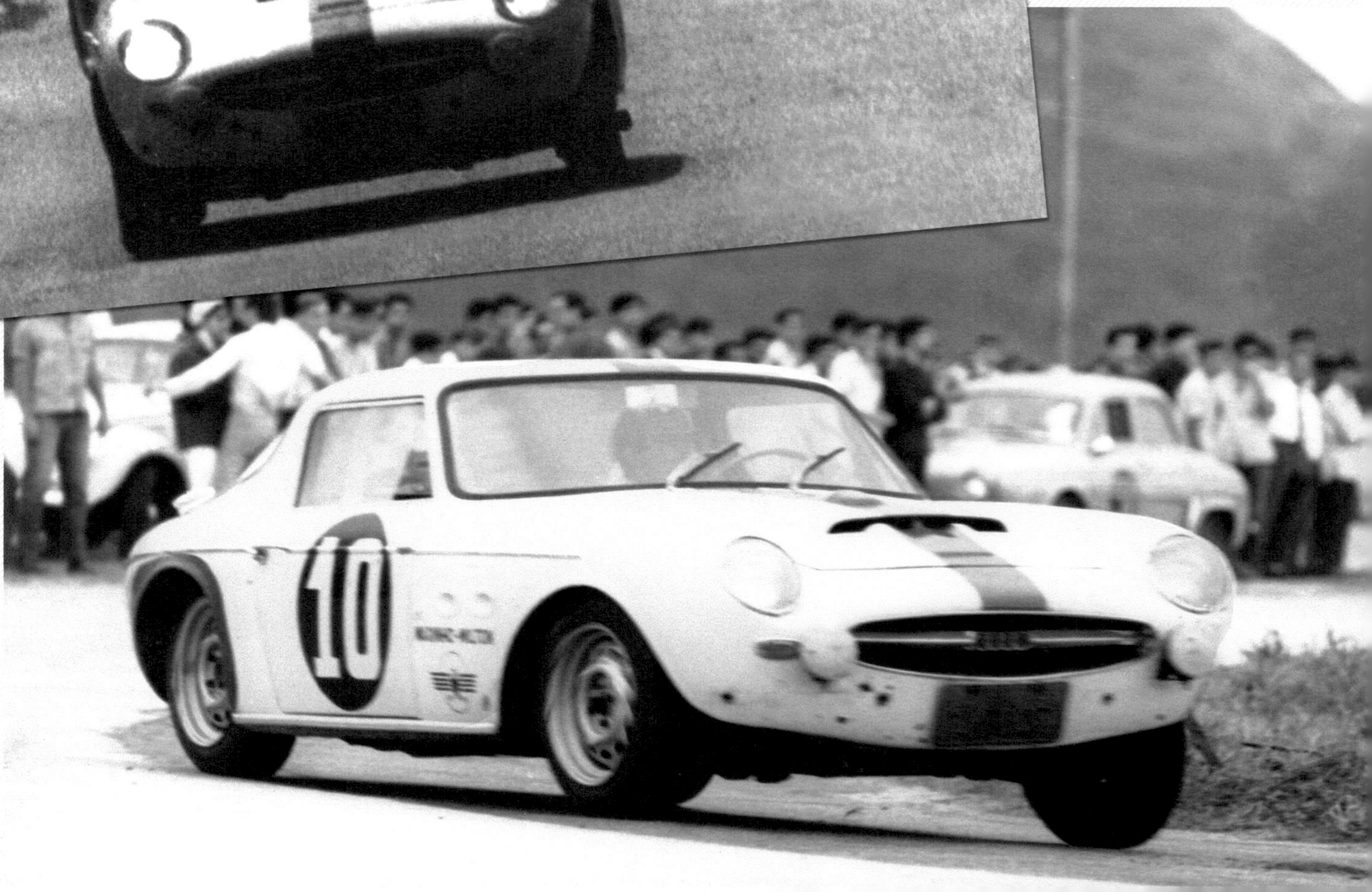
10

Nesta página e ao lado: Nestas imagens dos Quinhentos Quilômetros da Guanabara de 1964, podemos ver, ao lado do Malzoni Tipo II nº 10 pilotado por Marinho Camargo, o DKW nº 92 conduzido por Newton Alves (no alto). Nas páginas seguintes: Matérias da revista *Autoesporte* mostram as façanhas do Malzoni nas pistas.

A primeira vitória viria em outubro, no GP Simón Bolívar, em Interlagos, e foi seguida de um terceiro lugar nos Quinhentos Quilômetros da Guanabara, novamente na Barra da Tijuca, prova vencida pelo Alpine 1.300 de Wilson Fittipaldi, seguido pelo Interlagos de José Carlos Pace e Vitório Andreatta, ambos da equipe Willys.

O primeiro Malzoni Tipo IV com carroceria de fibra de vidro, 150 kg mais leve, estreou numa corrida de rua em Recife, em março de 1965. Em maio o carro correu no Rio de Janeiro e chegou logo atrás dos dois Abarths da equipe Simca, desempenho que repetiria no mês seguinte, nas Seis Horas de Interlagos. Em setembro, no GP do Quarto Centenário do Rio de Janeiro, voltou a chegar em segundo, desta vez atrás apenas da Ferrari 250 de Camilo Christófaro.

MARINHO VOLTOU A VENCER

Marinho andou "pra valer" no branquinho n.º 10.

Comemorando seu 4.º aniversário, a Associação Paulista de Volantes de Competição realizou nos dias 11 e 12 de junho, em Interlagos, provas válidas para o Campeonato Paulista de Automobilismo, controladas pela Federação Paulista e organizadas pela nova diretoria da Associação, presidida pelo corredor Piero Gancia.

ESTREANTES

Na prova de sábado, para estreantes e novatos, 10 voltas pelo circuito completo, correram 34 carros e o resultado foi êste:

1.º — *Vitório Zambello* (FNM n.º 23) — 47m 10s 3 — 101,736 km/h — melhor volta em 4m 38s.
2.º — *João Costa* (Simca n.º 72) — 47m 15s.
3.º — *Jean Balder* (DKW n.º 5) — 47m 38s.
4.º — *Adolfo Naves Jr.* (DKW n.º 55).
5.º — *Válter Wolthers* (DKW n.º 8).

Marize, espôsa de Bird, "faturou" a prova para o sexo frágil.

MALZONIS FAZEM FESTA SÒZINHOS

Mesmo antes da corrida começar, já se sabia que a prova para carros Grã-Turismo e Turismo Grupo 3 teria três donos: os protótipos DKW-Malzoni. Êstes prognósticos foram plenamente confirmados como se esperava, pois das fábricas, a VEMAG foi a única que participou.

Marinho, com o número 10, Lameirão com o n.º 11 e Anísio Campos com o n.º 6 fizeram da prova o que bem entenderam, juntinhos do princípio ao fim. Embora se soubesse quem seriam os três primeiros, a corrida não perdeu a graça, porque foi a melhor das três organizadas pela Federação Paulista de Automobilismo, com 16 concorrentes.

Além de vários rodopios, capotagem de verdade foi a do Gordini "1 093" conduzido pelo novato Carlos Eduardo Pereira Bueno. O carro não chegou a ficar de rodas para o ar, mas sim sôbre o lado esquerdo. O público se assustou mais do que o pilôto, principalmente depois que todos saíram correndo para ver o que é que havia acontecido e a ambulância foi à pista, com sirena aberta. Mas Carlos Bueno desceu, empurrou, empurrou, e conseguiu, sòzinho, deixar o "1 093" na posição normal e voltou firme.

A PROVA

Com os Malzonis fazendo trinca e outro DKW, o 38, de Eduardo Scuracchio, também de fábrica, logo a seguir, a Vemag ficou sendo a dona da festa. Estranho foi o FNM-5, de Jaime Pistilli, ficar em décimo (e olhe lá). Muita gente raciocinou: "Ou o carro não está bem preparado ou o volante não é bom." Tirem vocês a conclusão.

Um "1 093", de n.º 84, que participara no dia anterior do "Festival de Marcas", também fêz bonito. No sábado, êle vencera mas ficou sem a vitória por ter utilizado freios a disco; no domingo, foi para as mãos de Pedro Victor de Lamare. O pilôto da Willys foi muito bem e deu verdadeiras aulas de como se deve fazer curvas, entrando firme sempre, dando em cima do DKW 32, que chegou na sua frente, mas superando outro DKW, o 19.

A classificação final foi a seguinte:

1.º — MARIO CÉSAR CAMARGO FILHO (Marinho), DKW-Malzoni n.º 10, 35m14s 9/10, 108,720 km/h; melhor volta em 4m16s9/10; 2.º — FRANCISCO LAMEIRÃO, DKW-Malzoni n.º 11, 35m15s1/10; 3.º — ANÍSIO CAMPOS, DKW-Malzoni n.º 6, 35m15s3/10; 4.º — EDUARDO SCURACCHIO, DKW n.º 38, 36m05s; 5.º — RUI SANTIAGO, Simca n.º 88, 36m3s9/10; 6.º — EXPEDITO MARAZZI, Simca n.º 87, 37m10s; 7.º — ROBERTO GOMES ("Argentino") Simca n.º 28, 37m29s; 8.º — "VOLANTE 13", com DKW n.º 13, 37m39s; 9.º — VALDOMIRO PIESKI, DKW n.º 32, 37m46s; 10.º — JAIME PISTILLI, FNM n.º 5, 38 minutos; 11.º — PEDRO VICTOR DE LAMARE, "1 093" n.º 84; 12.º — OSORIO ARAUJO, DKW n.º 55; 13.º — ALBERICO PELLICIOTTI, "1 093" n.º 3, 7 voltas; 14.º — CARLOS E. PEREIRA BUENO, "1 093" n.º 41, 7 voltas.

Os Malzonis correram e chegaram sempre assim: Marinho na frente, Lameirão em 2º e Anísio em 3º

No alto, à esquerda: Roberto Dal Pont no Malzoni nº 17, Norman Casari no Malzoni nº 96 e Piero Gancia no Alfa Romeo nº 23, em uma das curvas de Interlagos, no GP Quarto Aniversário APVC, em junho de 1966. No alto, à direita: A trinca de vencedores do 5º Circuito de Piracicaba (1965): Marinho Camargo (nº 10), Eduardo Scuracchio (nº 9) e Chico Lameirão (nº 11). Acima: Marinho Camargo voa em direção à sua primeira vitória com um Malzoni Tipo II, no GP Simon Bolívar, realizado em 10 de outubro de 1964, em Interlagos.

A primeira vitória do Tipo IV veio em Piracicaba, numa prova dominada amplamente pelos três Malzonis brancos de Marinho, Eduardo Scuracchio e Francisco Lameirão, que deixaram para trás o Karmann-Ghia Porsche da Dacon. A partir dali não houve mais trégua para os adversários. Mesmo inferiores em potência, o que prejudicava o desempenho em circuitos de alta velocidade, os ágeis carros da Vemag superavam a deficiência nos trechos com curvas fechadas, e, quando não andavam junto dos adversários mais fortes, eram uma incômoda "sombra" em seus calcanhares.

A vitória de Marinho Camargo no 5º Circuito de Piracicaba, realizado em 8 de agosto de 1965, foi mais uma conquista durante um ano em que o piloto subiria outras duas vezes ao pódio: em segundo lugar no GP Quarto Centenário do Rio de Janeiro em setembro e em primeiro lugar no 1º Festival Interclubes em Interlagos em outubro.

Fotos da 2ª Seis Horas de Interlagos, realizada em 20 de junho de 1965, publicadas na revista *Autoesporte*. O destaque da prova foram os três DKW Malzoni pilotados por Marinho Camargo (nº 10), Chico Lameirão (nº 11) e Eduardo Scuracchio (nº 32). Marinho foi o mais bem colocado, cruzando a linha de chegada em segundo lugar.

Norman Casari conduz o GT Malzoni com o nº 96 pelas curvas do circuito do Rio de Janeiro em 1967.

Além dos pilotos paulistas que corriam oficialmente pela equipe Vemag, um grande destaque ao volante do Malzoni foi o carioca Norman Casari. Ele foi campeão carioca em 1966 e, no ano seguinte, teve que enfrentar séria concorrência de adversários com carros muito superiores, como Paulo César Newlands, que estava pilotando o Ferrari GTO anteriormente de Camilo Christófaro, Mário Olivetti, com um Alfa GTA, e Aylton Varanda, com um dos Karmann-Ghias Porsche comprados da equipe Dacon. Casari reagiu incrementando seu Malzoni: aumentou a potência do motor, trocou os pneus dianteiros pelos Super Stock 500 e acabou levando o bicampeonato. Posteriormente, vendeu o carro para o piloto goiano Neuder "Dezinho" Motta, que, com ele, venceu uma corrida das Cem Milhas disputada em Brasília em 1969.

Vale destacar também a boa atuação do gaúcho Henrique Iwers. Na Prova Antoninho Burlamaqui, disputada em estradas gaúchas em 1968, ele ficou com o quinto lugar. Ainda naquele ano, Iwers chegou na terceira posição na

Quinhentos Quilômetros de Porto Alegre, atrás apenas do BMW pilotado por Chico Landi e Jan Balder – um carro amplamente superior –, e brigou quase de igual para igual com a lendária carretera Ford de Vitório Andreatta.

No total, os Malzonis da equipe Vemag e de pilotos particulares realizaram pelo menos 54 corridas, obtendo quinze vitórias, doze segundos e sete terceiros lugares. Os números podem até ser maiores, pois os registros da época não são muito precisos.

Entre várias provas memoráveis, uma disputa épica marcou as Mil Milhas Brasileiras de 1966, em Interlagos. A prova foi vencida por Camilo Christófaro e Eduardo Celidônio, com a carretera Chevrolet Corvette, seguida por três Malzonis. O Malzoni nº 7 chegou em terceiro, mas foi o destaque da corrida – guiado pelos jovens Emerson Fittipaldi e Jan Balder, ele liderava a corrida na 197ª volta, faltando quatro para o final, quando um problema no condensador desativou um dos três cilindros do motor. A prova é descrita em detalhes no minucioso relato a seguir.

Esse carro é hoje o único remanescente da equipe oficial de competições da Vemag.

Nascido para correr 45

O desafio das Mil Milhas

Pequeno e pouco potente, o motor DKW, com três cilindros e 1 litro de cilindrada, conseguiu em nosso país resultados que não alcançara nem mesmo na sua terra de origem. Mas, por mais que tenha sido desenvolvido pelos mágicos engenheiros e técnicos da Vemag, tinha limitações, agravadas pelo peso excessivo dos carros que equipava e pela aerodinâmica da carroceria, pouco favorável ao desempenho nas pistas.

Se chegavam a incomodar, os carros brancos da equipe da fábrica tinham sérias dificuldades para enfrentar os das equipes oficiais formadas pela concorrência. A Willys, que aqui fabricava os Renaults Dauphine e Gordini, fora buscar na Europa a tecnologia da Alpine, vencedora do Rally de Monte Carlo, e trouxera para o país as berlinetas que batizou de Interlagos. O pequeno carro esporte, apesar de também ser equipado inicialmente com motor de pequena cilindrada, era estável e aerodinâmico, características que o tornavam difícil de ser batido quando conduzido por bons pilotos.

O surgimento do GT Malzoni, em 1964, deu à Vemag aquilo que a empresa precisava: a reunião do seu conjunto propulsor, aprimorado no Brasil, com uma carroceria leve e aerodinâmica. Com seus novos três carros especiais, pintados de branco, conseguia disputar bons resultados mesmo contando com menos recursos que a Willys, sua principal adversária.

Não foram anos fáceis. A Simca, outra fabricante de destaque, além dos carros de série com motor V-8 que aqui produzia, trouxe da Europa um modelo feito especialmente para correr, o Abarth. E a Alfa Romeo, além do veloz JK, colhia bons resultados com modelos importados da Itália.

Foram os chamados anos de ouro do automobilismo brasileiro, em que não faltaram disputas acirradas e grandes corridas, nas quais os pilotos se superavam para vencer. Quem assistiu a essas provas faz questão de lembrar daquela época em que talento e coragem, em geral, contavam mais do que dinheiro.

Em meio às histórias vividas nos anos 1960, houve uma corrida heroica, as Mil Milhas Brasileiras de 1966. Foi a última vitória de uma carretera na mais importante prova do automobilismo brasileiro, a Chevrolet Corvette de Camilo Christófaro e Eduardo Celidônio. Mas, mais do que isso, a corrida foi palco de uma dramática atuação dos Malzonis, que terminaram a prova em segundo, terceiro e quarto lugares. Há muitos relatos dessa corrida, mas talvez o do engenheiro Carlos Eduardo Zavataro, entusiasta da marca DKW, seja um dos mais minuciosos e empolgantes. Vale a pena conferir.

DEPOIMENTO DE CARLOS EDUARDO ZAVATARO

As Mil Milhas acontecidas entre 19 e 20 de novembro de 1966 foram, sem dúvida, a corrida mais dramática para os carros da Vemag. A equipe oficial da fábrica já havia sido fechada, e, apesar de terem recebido apoio material e logístico da empresa, inclusive carros e peças, os pilotos tiveram que bancar as demais despesas, elevadas numa prova de longa duração.

Rebatizado de equipe Brasil, o time inscreveu cinco carros. Dois eram Malzonis com motores de 1.100 cm³: o nº 10 para Marinho e Eduardo Scuracchio e o nº 4 para Norman Casari e Carlos Erimá. Outro Malzoni, com motor de 1.000 cm³ – o número 7 –, ficou com os jovens Emerson Fittipaldi e Jan Balder. A equipe também contou com duas carreteras: a "Mickey Mouse", encurtada, de nº 13, para Flodoaldo Arouca, o "Volante 13", e Walter Hahn Júnior; e a nº 11, de Roberto Dal Pont e Pedro Victor de Lamare.

O Malzoni nº 4 de Norman Casari e Carlos Erimá.

A Willys contou com dois Alpines de 1.300 cm³: o 47, de Luiz Pereira Bueno e Luiz Fernando Terra Smith; e o 46, de Bird Clemente e Carol Figueiredo, além de uma carretera Gordini, da dupla Marivaldo Fernandes e Hélio Mazza. A Dacon levou seus quatro Karmann-Ghias Porsche, dois com motores de 2 litros e dois de 1.600 cm³. Os dois mais potentes ficaram com Wilson Fittipaldi Júnior e Ludovino Perez Júnior (nº 77), e com José Carlos Pace e Antônio "Totó" Porto (nº 2).

A Simca também havia fechado sua equipe, mas vendeu sua carretera com motor Tufão para Jayme Silva e Fernando "Toco" Martins participarem da prova. E ainda havia a equipe Jolly, com um Alfa Romeo e um punhado de potentes carreteras, entre elas a número 18, de Christófaro e Celidônio.

Na classificação, o melhor tempo foi de Wilson Fittipaldi, com 3min38,2s, seguido por Luiz Pereira Bueno, com 3min47,8s e Camilo Christófaro, com 3min55,6s. Marinho, com o Malzoni nº 10, conseguiu ser o quarto, com 3min56,3s, à frente do Alpine de Bird Clemente, com 3min56,8s.

A largada foi às 22 horas e 30 minutos do dia 19, no tradicional estilo Le Mans. Os carros ficavam de um lado da pista, parados em diagonal, com os motores desligados, e os pilotos, na margem oposta, corriam para eles ao ser dado o sinal. Todos os carros da Vemag tiveram problemas para arrancar: o óleo que utilizavam misturado à gasolina (os motores eram de dois tempos) havia tido a fórmula alterada havia pouco tempo e passado a se depositar no fundo do tanque. O resultado é que os carburadores ficavam cheios de óleo e o motor não pegava.

Para evitar o problema, os mecânicos ficavam sacudindo os carros até a hora da largada, mas daquela vez não adiantou. Foi preciso sangrar a linha de combustível, soltando a ponta ligada ao carburador e aguardando que a bomba elétrica expulsasse o óleo decantado. O processo é rápido, mas demorou o suficiente para que todos os DKWs largassem com atraso.

Ao final da primeira volta, quem liderava era o Alpine 47, de Luiz Pereira Bueno, seguido pela carretera de Camilo e pelo Karmann-Ghia Porsche de Wilson Fittipaldi. Em seguida vinham o Bird Clemente, no Alpine 46, e o outro carro da Dacon, com Pace. O primeiro Malzoni a completar a primeira volta foi o nº 7, guiado por Jan Balder, mas com mais de meio circuito de desvantagem.

A prova começou com ritmo muito forte, com os líderes girando em torno dos 3min54s. Pela vigésima volta, os dois Karmann-Ghias ponteavam, seguidos pelos dois Alpines. O ritmo da corrida caiu um pouco, para 3min56s, ainda assim muito alto para uma prova de longa duração. Camilo era o quinto, já com uma volta a menos que os líderes, e o Malzoni 7, já nas mãos de Emerson Fittipaldi, era o décimo.

Com menos de quatro horas de prova, na 45ª volta, a média horária havia caído dos mais de 122 km/h do início para 115,714 km/h. O líder era Luiz Pereira Bueno, com o Alpine 47, e em segundo já vinha o Malzoni de Emerson e Balder, mas com duas voltas de desvantagem. Os poderosos Karmann-Ghias tiveram o para-brisa quebrado e fizeram várias paradas nos boxes, atrasando-se bastante. O nº 2, pilotado por Pace, ficou sem combustível na curva do Sargento, perdendo oito minutos e caindo para quinto lugar.

Com sessenta voltas, o Alpine 47 continuava na ponta. Com duas voltas a menos, já em segundo, seguia a carretera de Camilo. O Karmann-Ghia 2 era o terceiro, Emerson e Balder vinham em quarto e o Alfa Romeo 23 era o quinto. Quatro voltas atrás, o Malzoni de Casari e Erimá andava em sexto, seguido por Marinho e Scuracchio. A média do líder era de 115,446 km/h.

O Alpine 47 liderou boa parte da noite, reduzindo o ritmo na altura da volta número 80 para 113,63 km/h. Com apenas uma volta a menos, o Malzoni 7 fazia uma bela corrida, seguido pelo Karmann-Ghia 3, na mesma volta. Em quarto, com 76 voltas, vinha o Malzoni 10, seguido pelo Malzoni 4, uma volta atrás. Depois de perder muito tempo parada na pista, sem combustível, a carretera 18 era a sétima, com 75 voltas.

Com quase seis horas transcorridas, às 4 horas e 25 minutos, Luizinho parou no boxe com uma manga de eixo quebrada, e o Malzoni 7 assumiu a liderança. O conserto do Alpine levou meia hora. Na volta seguinte, o novo líder teve que parar para abastecer e prender a bateria, que se soltara. Na metade da corrida, ou seja, na centésima volta, Pace, em rápida recuperação, assumiu a ponta, andando a 112, 517 km/h.

Às 5 horas e 50 minutos, os três Malzonis ocupavam posições privilegiadas. O de número 7 era o segundo, com 99 voltas; o de número 10 era o terceiro, com 97, e o de número 4 era o quarto, também com 97 voltas. O Alpine 47 vinha em quinto, seguido pelo Karmann-Ghia 77, pelo Alfa 23, pelo Simca 26 e pela carretera 18.

Às seis horas da manhã o Karmann-Ghia líder teve problemas de câmbio e ficou sem a segunda e a quarta marchas. O Malzoni 7 se aproximou aos poucos e, com 120 voltas, passou a liderar, com média de 110, 971 km/h. Andando só com a primeira e a terceira marchas, o Karmann-Ghia nº 2 passou em segundo. Com uma volta a menos, o Malzoni 10 era o terceiro, seguido pelo de número 4, com 118 voltas completadas.

Quando a prova chegou à 140ª volta, o Karmann-Ghia nº 2, mesmo andando só com a primeira e terceira marchas, voltou a liderar, seguido pelo Malzoni 7, na mesma volta, que mantinha um ritmo seguro. Duas voltas atrás vinham os Malzonis 10 e 4, à frente de Camilo, que passara de sexto para quinto. O Alpine 37 parou pela terceira vez, novamente com a manga de eixo quebrada!

Com 180 voltas, o Karmann-Ghia 2 parou na curva da Ferradura, com um terminal de direção quebrado. Às 11 horas e 45 minutos, com Jan Balder no volante, o Malzoni 7 assumiu a liderança, seguido pelo 10 e pelo 4, os dois com uma volta a menos. Os três Malzonis ocupavam as três primeiras posições! Do boxe, a carretera 18, na mesma volta do segundo e terceiro colocados, recebeu ordem para "baixar a bota".

Cálculos começaram a ser feitos. Os três Malzonis não precisavam mais reabastecer. A carretera 18, ninguém sabia. Balder, o líder, recebeu ordem para aumentar o ritmo e passou das 6.000 rpm que vinha mantendo para 6.500 rpm, aumentando ainda mais na volta seguinte, quase ao limite de 7.000 rpm. O tempo de volta, que era de 4min30s, caiu para 4min9s. Por sua vez, Celidônio acelerava o motor Corvette a 3min50s por volta. A tensão era imensa.

Caso mantivesse o ritmo, pelos cálculos do boxe, Balder poderia ganhar com alguma diferença mesmo com a carretera descontando vinte segundos por volta.

O drama aumentou na 195ª volta. Faltando seis voltas para o final da corrida, o Malzoni 7 passou pelos boxes com apenas dois cilindros funcionando, para desespero dos integrantes da equipe Brasil. Celidônio, voando baixo, se aproximava, embora quase uma volta atrás, e Balder via a maior chance de sua vida escorregar de suas mãos.

Pelos cálculos dos boxes, mesmo andando em ritmo reduzido, Balder poderia vencer a corrida se não parasse para corrigir o problema. Dava para garantir uma vantagem mínima, e ainda havia a possibilidade, embora pouco provável, da carretera ter que parar para um rápido abastecimento. Assim, não foi dada ordem para Balder parar.

O valoroso trio de Malzonis que participou da 8ª Mil Milhas Brasileiras, em Interlagos: o nº 10 de Marinho Camargo e Eduardo Scuracchio; o nº 7 de Emerson Fittipaldi e Jan Balder, e o nº 4 de Norman Casari e Carlos Erimá.

A quatro voltas do final, Balder entrou nos boxes sem ter sido chamado. Segundo o piloto e jornalista Bob Sharp, que estava nos boxes, o "Volante 13" e outros pilotos se precipitaram e correram para a subida dos boxes, sinalizando para que ele entrasse. Uma falha tripla: faltou comando no boxe (Jorge Lettry não fazia parte da equipe), os colegas decidiram sinalizar por conta própria e o piloto atendeu à ordem externa.

A confusão se instalou. Balder conta que o mecânico Crispim teria trocado as três velas com o motor funcionando, levando choques, pois era possível que um pistão tivesse furado e, se o motor fosse desligado, poderia não voltar a funcionar. Mas o próprio Crispim, recentemente, comentou com Bob Sharp que jamais faria isso, já que correria o risco de ter uma vela atirada em seu rosto. O certo é que o nervosismo reinou e as informações sobre o que aconteceu naqueles minutos são naturalmente desencontradas.

O carro arrancou com o motor limpo, mas em menos de 100 m voltou a funcionar com apenas dois cilindros. A carretera 18 era líder da prova. Mas, mal o Malzoni entrou na pista, Camilo acenou dos boxes para Celidônio, com um funil na mão. A equipe dos Malzonis voltou a ter esperança, pois o adversário tinha que parar para abastecer. Emoção geral, enquanto muitos recordavam que Camilo já havia passado por situação semelhante, ao perder uma corrida quase ganha quando parou nos boxes e não conseguiu voltar.

Na 199ª volta, Celidônio entrou nos boxes e reabasteceu em longos vinte segundos. Mas o motor não pegou, e Balder, com o motor funcionando precariamente, se aproximou. Celidônio tentou de novo e o motor roncou. Ele entrou na pista e as esperanças da equipe Brasil se desvaneceram.

Na última volta, Balder foi ultrapassado por Marinho, no número 10. Celidônio recebeu a bandeirada e, ao chegar aos boxes, foi carregado nos ombros de seus companheiros e demais pilotos, entrando para a história das Mil Milhas junto com Camilo.

O Chevrolet Corvette completou as 201 voltas da prova em 14h30min30s. Em segundo chegaram Marinho e Scuracchio, e em terceiro, Balder e Fittipaldi, seguidos por Casari e Erimá, uma volta atrás. Pace e

Totó Porto chegaram em quinto, Jaime Silva e "Toco", em sexto, e o Alpine 47, seis voltas atrás, foi o sétimo. No pódio, sucumbindo à emoção, os dois garotos, Emerson e Balder, choravam.

A chegada, em terceiro lugar, de Emerson e Balder, na Mil Milhas de 1966.

Balder conta que, no dia seguinte, quis descobrir o que havia acontecido com o carro. Junto com Emerson, foi até a Comercial MM, onde ele ficara guardado da mesma forma como terminara a corrida. Crispim ligou um dos três condensadores de reserva, instalados junto às bobinas. A operação não durou mais que trinta segundos e o motor funcionou com os três cilindros. Os dois deram uma volta de mais de 2 km pelas redondezas e não houve problema algum!

Seja como for, as Mil Milhas de 1966 foram o maior feito da Vemag. Nelas se quebrou o tabu de que o carro e, principalmente, o motor, não aguentavam corridas longas. Na realidade, a equipe Brasil colheu os frutos de anos de pesquisas e desenvolvimento realizados na fábrica pelo Departamento de Competições, chefiado por Jorge Lettry. E foi muito importante o apoio, na prova, do Departamento de Testes da Vemag, liderado por Otto Kuetner.

Não menos importante foi o fato de os dois "meninos", com cerca de 20 anos de idade, terem sabido dosar o andamento de um carro de competição muito difícil de pilotar, supostamente de pouca resistência e menos potente até do que os de seus próprios companheiros de equipe, em mais de catorze horas de corrida. Lideraram a mais importante prova nacional por muitas horas e quase conseguiram vencê-la. Poucos anos depois, Emerson tornou-se campeão da Fórmula 1 e, no Brasil, Balder continuou pilotando e vencendo corridas e ralis. Os dois merecem, portanto, toda a honra e reconhecimento.

CAPÍTULO 5

O CARCARÁ

Para muitos, a história de Rino Malzoni como construtor de carros se concentra nos primeiros modelos, com mecânica DKW, e posteriormente na trajetória da Puma. Mas sua atuação foi bem mais abrangente, incluindo outros veículos que não chegaram a ser fabricados em grande quantidade, como o FNM Onça, carros que foram feitos sob encomenda, como o GT 4R, ou aqueles que se limitaram a um único exemplar, como foi o caso do Carcará.

O Carcará, que em junho de 1966 estabeleceu o primeiro recorde brasileiro de velocidade pura, começou a ser desenvolvido como um projeto extraoficial dentro da Vemag, no segundo semestre de 1965. Suas formas foram baseadas nos modelos carenados da Auto Union, criados para estabelecer recordes de velocidade nas autoestradas alemãs no final da década de 1930, às vésperas da Segunda Guerra Mundial. O autor da ideia foi o chefe da equipe de competições da Vemag, Jorge Lettry, um ardoroso fã e estudioso da história da Auto Union.

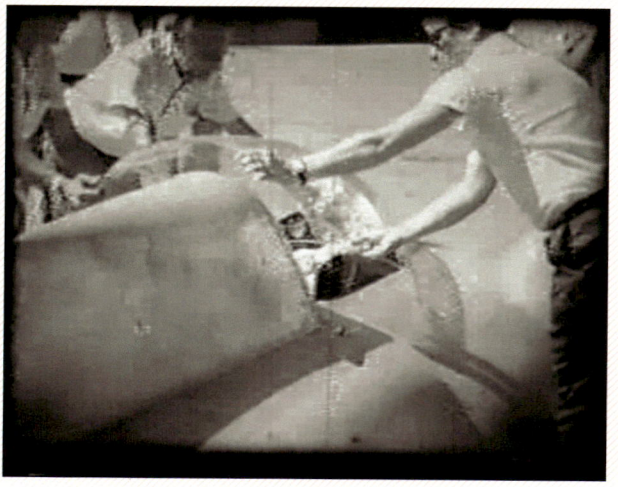

Nesta página e ao lado: As imagens de época mostram Rino Malzoni com o protótipo do Carcará na Fazenda Chimbó.

O Carcará   53

Sem o apoio oficial da fábrica, que desativou sua equipe de corridas em 1966, Lettry recorreu mais uma vez a Rino Malzoni para viabilizar a construção do carro. Rino assumiu a direção do projeto, e, assim, o Carcará nasceu no mesmo galpão da Fazenda Chimbó em que se originaram o GT Malzoni e o Puma DKW, das mãos dos mestres funileiros Molina e Vaida. Como base do carro foi utilizado um chassi de Fórmula Júnior, construído pela dupla Chico Landi e Toni Bianco, e a carroceria, toda em alumínio, foi concebida por Rino e Anísio Campos.

Nas fotos do dia do recorde, o carro, pintado de branco com faixas verde-amarelas, trazia a inscrição "Carroceria Malzoni-Campos" nas laterais.

Acima: Rino e o mestre funileiro Chico Vaida trabalham no protótipo do Carcará. Abaixo: Entre amigos na sede da Cota (concessionária Puma no Rio de Janeiro), estão o piloto Norman Casari, o mecânico-chefe Crispim Ladeira, o chefe de equipe Jorge Lettry e Rino Malzoni no dia do estabelecimento do recorde.

O nome "Carcará" remete a uma espécie de gavião típica da região Nordeste, embora muitos tenham achado que o carro se assemelhava mais a um sapo do que a um pássaro. Se o estilo não conseguiu agradar a todos, pelo menos no quesito velocidade a aprovação foi unânime.

O nome Carcará faz referência a um pequeno gavião típico do Nordeste brasileiro, ave de rapina cuja voracidade inspirara uma música premiada num festival. A melodia de José Cândido, com versos de João do Vale que falavam num pássaro malvado que "pega, mata e come", foi cantada na época por Maria Bethânia e Nara Leão, entre outras intérpretes, e era um sucesso nacional.

Diferente de tudo o que já havia sido feito e visto no Brasil em matéria de automóveis, o Carcará tinha formas que provocavam espanto. Seus próprios artífices, na Fazenda Chimbó, o chamavam, brincando, de "sapo amassado", e não faltou quem o comparasse a um disco voador. Uma curiosidade sobre sua história, não divulgada na época, é que, para não perder tempo esperando as chapas de alumínio necessárias para moldar a carroceria, Rino usou sua influência e amizade com o pároco de Matão, que lhe cedeu algumas folhas do material destinadas à cobertura da igreja matriz local, que estava em construção.

O Carcará na pista onde marcou seu recorde de velocidade.

Os primeiros testes foram feitos numa estrada que levava à cidade, para espanto dos policiais rodoviários, que logo passaram a ajudar nas experiências. Um ensaio mais sério, antes da tentativa de estabelecimento do recorde, foi feito em Interlagos, sem ser divulgado. Pilotado por Marinho, o primeiro piloto da Vemag, na longa reta do autódromo o Carcará mostrou um comportamento instável para um veículo criado com o fim de andar apenas em linha reta. Talvez influenciado pelo nome, revelou uma preocupante tendência a perder o contato das rodas dianteiras com o solo ao chegar por volta dos 200 km/h, além de reagir demasiadamente rápido às correções de trajetória.

Consta que antes de o carro ser levado para o local da tomada oficial dos tempos, no Rio de Janeiro, teria sido retirada dele a barra estabilizadora da suspensão. Pensava-se que, como não haveria curvas, a exemplo de Interlagos, ela não seria necessária. Mas a falta do componente comprometeu ainda mais a dirigibilidade, fato constatado imediatamente por Marinho ao acelerá-lo na Barra da Tijuca. A preocupação do piloto com a falta de segurança acabou gerando um atrito com Lettry. Marinho desistiu de pilotar o carro e, segundo o jornalista Mário Pati, que lá esteve presente, desceu do Carcará chamando o bólido de "cadeira elétrica". Quem acabou assumindo o volante foi o campeão carioca Norman Casari, que tinha ido para a pista apenas como assistente e nem sequer havia levado o capacete.

A pista escolhida para estabelecer o recorde foi o início da atual rodovia BR-101, na Barra da Tijuca, Zona Sul do Rio de Janeiro, na área da Avenida das Américas. Lá, na manhã do dia 29 de junho de 1966, o Carcará obteve a média de 212,903 km/h em duas passagens, a primeira marca brasileira e sul-americana de velocidade em linha reta, de acordo com a regulamentação da Federação Internacional de Automobilismo homologada pela Confederação Brasileira de Automobilismo. Na primeira etapa, atingiu a velocidade final de 214,477 km/h, e na segunda, 211,329 km/h. O pequeno motor DKW de 1.100 cm³, exigido ao extremo, chegou a engripar e perder potência, mas a primeira marca nacional estava registrada.

Não foi uma empreitada sem riscos. Casari pediu para trocar o volante por um de maior diâmetro, para tornar as reações do carro mais lentas. Além disso, houve uma decisão bastante temerária de trocar os pneus dianteiros, que eram Pirelli Cinturato de competição, garantidos até 240 km/h, pelos Stelvio ST-17 Spalla di Sicurezza, diagonais, projetados para andar a menos de 150 km/h. Os pneus de corrida, mais duros, proporcionavam reações muito rápidas ao volante, tudo o que não se desejava naquele momento. Os pneus de rua foram tirados da Vemaguet do jovem piloto e funcionário da Vemag Bob Sharp, que mais tarde se tornou um dos mais conceituados jornalistas automotivos brasileiros.

O nível de improvisação não parou por aí. Segundo Anísio Campos, depois de alguns testes preliminares, para que a temperatura dos pneus ficasse abaixo da ambiente, eles foram colocados "de molho" debaixo de uma ponte, na lagoa de Marapendi. Miguel Crispim, o mágico preparador que conseguiu extrair 104 cv do motor de três cilindros que equipava o carro, recorda que o ambiente não era de confiança absoluta. Segundo ele, quando o Carcará passava em velocidade final, vários dos participantes do evento se escondiam atrás de um jipe Candango, com receio de serem atropelados caso ele se descontrolasse.

O carro usado para estabelecer o recorde acabou ficando com Norman Casari e exposto em sua concessionária da Vemag, que foi inaugurada exatamente no dia do recorde. Mais tarde, a carroceria de alumínio acabou nas mãos da Glaspac, empresa paulista que fabricava buggies e réplicas em fibra de vidro, e posteriormente sumiu numa "limpeza", vendida como sucata.

Por ocasião dos quarenta anos do estabelecimento do recorde do Carcará, em 2006, Toni Bianco fez uma reconstrução do carro, a pedido do colecionador Paulo Trevisan. Totalmente funcional, o Carcará II já foi testado na pista. Não se trata de uma réplica exata, mas tem linhas bastante próximas do original, e faz parte do acervo do Museu do Automobilismo Brasileiro de Passo Fundo, no Rio Grande do Sul. No aniversário, muito foi recordado, mas de um detalhe da epopeia do Carcará ninguém falou: o nome de quem bancou financeiramente o projeto e a construção do carro em 1966, Rino Malzoni.

O Carcará.

Na história do Carcará, foi fundamental também o apoio e o incentivo dado pela revista *Quatro Rodas*. A publicação chegou a importar um cronômetro suíço Omega, com células fotoelétricas, o que havia de mais moderno na época, para que a velocidade obtida fosse aferida com a precisão necessária para cumprir os regulamentos da Federação Internacional de Automobilismo. Por trás da iniciativa estava o então diretor de redação, Leszek Bilyk, ex-executivo da Vemag e grande amigo de Jorge Lettry.

CAPÍTULO 6

A LUMIMARI / A PUMA

Ao decidir criar um carro esportivo com componentes nacionais, Rino Malzoni não tinha inicialmente a intenção de produzi-lo em escala industrial. Mas a primeira encomenda, de três carrocerias de fibra de vidro, feita pela Vemag para o uso da sua equipe de competições, acabou criando a necessidade de instalações mais adequadas do que a oficina montada no galpão da fazenda, assim como da criação de uma empresa para o cumprimento de aspectos legais, tanto na venda dos carros como na aquisição dos seus componentes.

Assim, ainda em 1964, Rino juntou-se ao amigo Mário César de Camargo Filho, o Marinho; ao sócio na Comercial MM, Milton Masteguin, e a Luiz Roberto Alves da Costa, para constituir uma empresa batizada de Lumimari, nome formado pela junção das iniciais dos proprietários. Além dos três carros feitos para a Vemag, a sociedade chegou a produzir outras unidades em Matão, antes de instalar-se em São Paulo.

Acima, da esquerda para a direita: Pedro Molina, Rino Malzoni, Chico Vaida e Alfredo Domingues Gerhard Bergame, o "Alemão", se debruçam sobre os projetos e as ideias que culminariam com a criação do Puma. Abaixo: GT Malzoni Tipo IV.

Nesta página e nas seguintes: O GT Malzoni Tipo IV aparece em sua melhor forma e exibindo duas de suas mais famosas cores, o vermelho e o amarelo.

Em 1965, a Lumimari passou a ocupar um galpão na Avenida Presidente Wilson, estrategicamente próximo à fábrica da Vemag, de onde recebiam os chassis motorizados usados nos carros. O processo de produção dos carros era artesanal. Um passo importante para a empresa foi o estabelecimento de um acordo de fornecimento com a fábrica, facilitado pela entrada de José Luiz Fernandes, neto do principal quotista da Vemag, Domingos Fernandes Alonso, na sociedade.

A produção em série do GT Malzoni demorou algum tempo para ser iniciada, começando apenas em 1966, ainda de forma lenta. Uma conquista importante foi a possibilidade de vender o carro através da rede de concessionárias da Vemag, o que também garantia aos proprietários a manutenção mecânica. Paradoxalmente, foi um alívio para a Lumimari o fato de nem todos os revendedores Vemag se interessarem em comercializar o carro – se isso acontecesse, a estrutura da empresa não teria condições de atender à demanda.

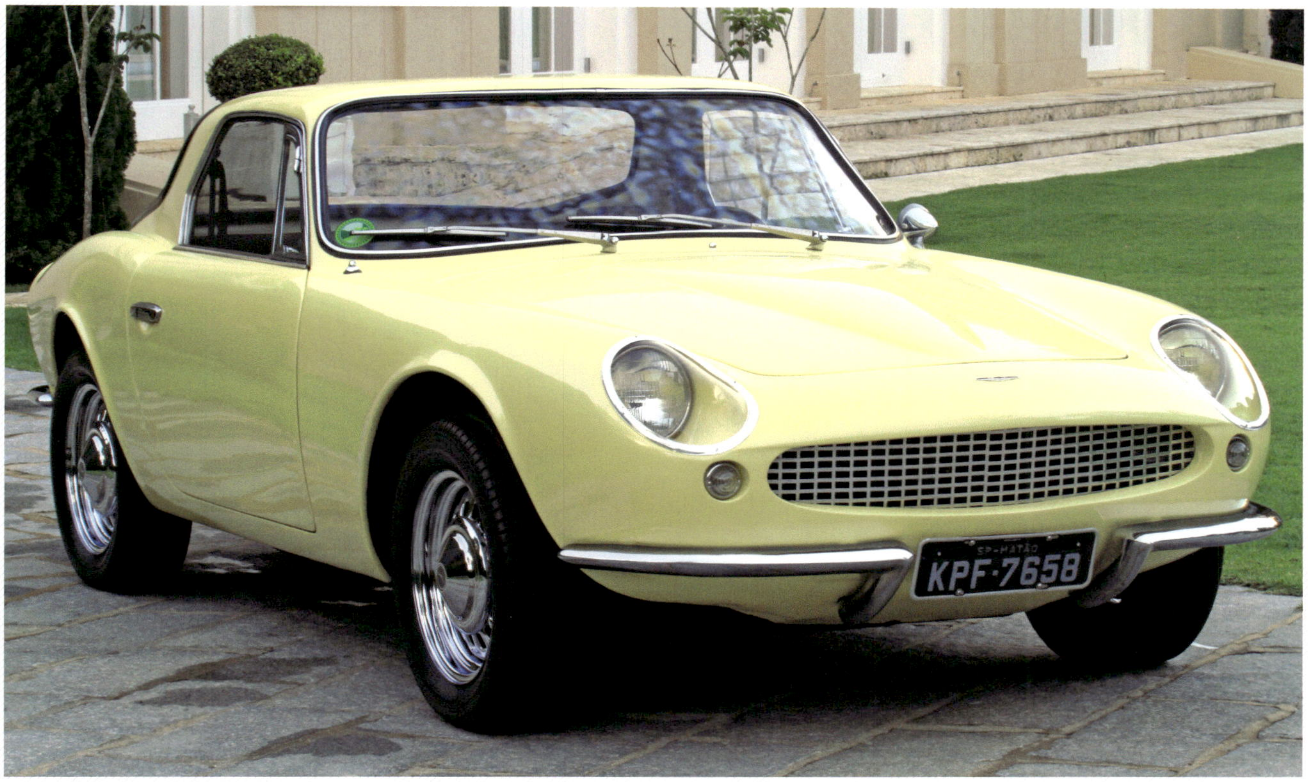
SP-MATÃO
KPF·7658

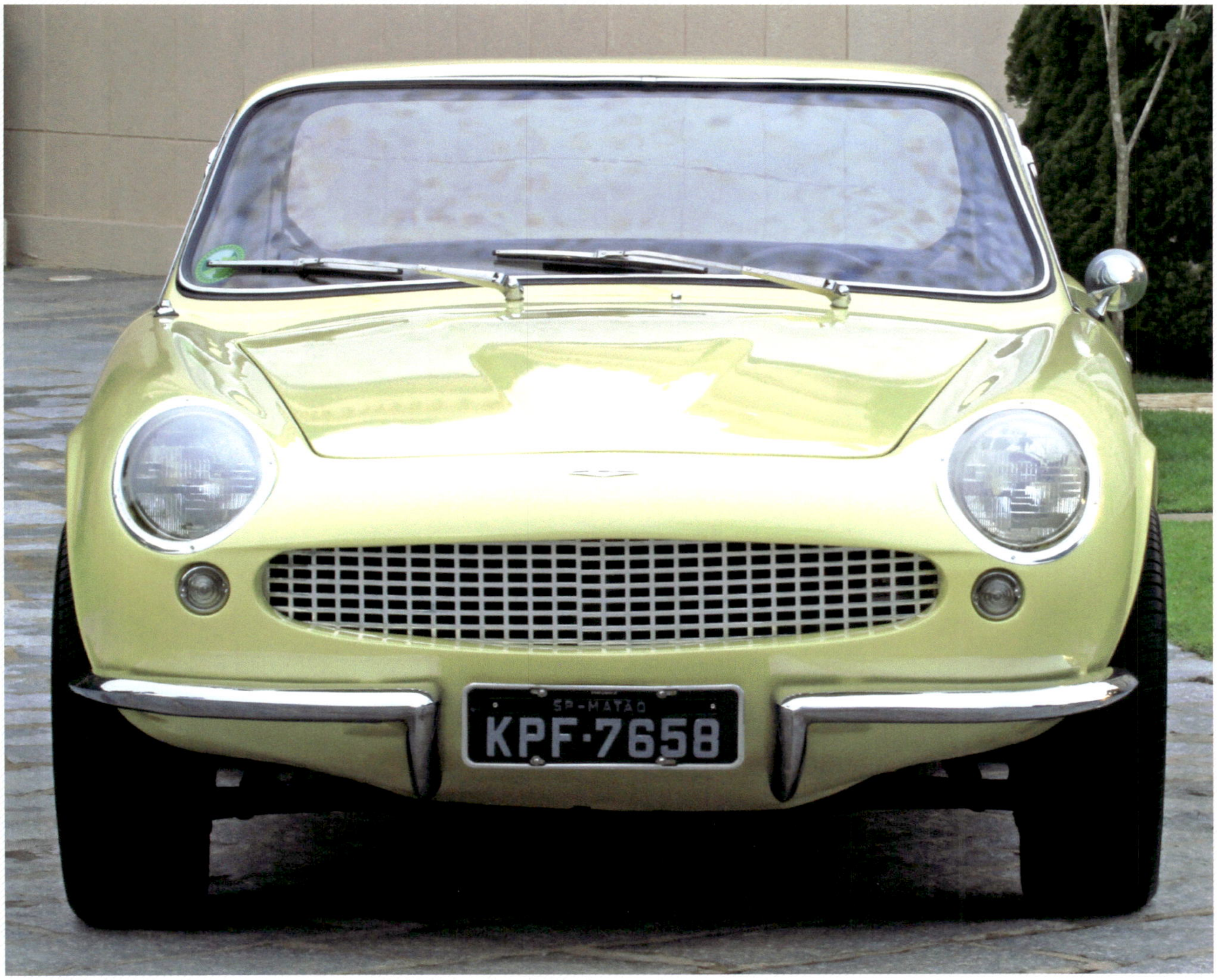
SP-MATÃO
KPF·7658

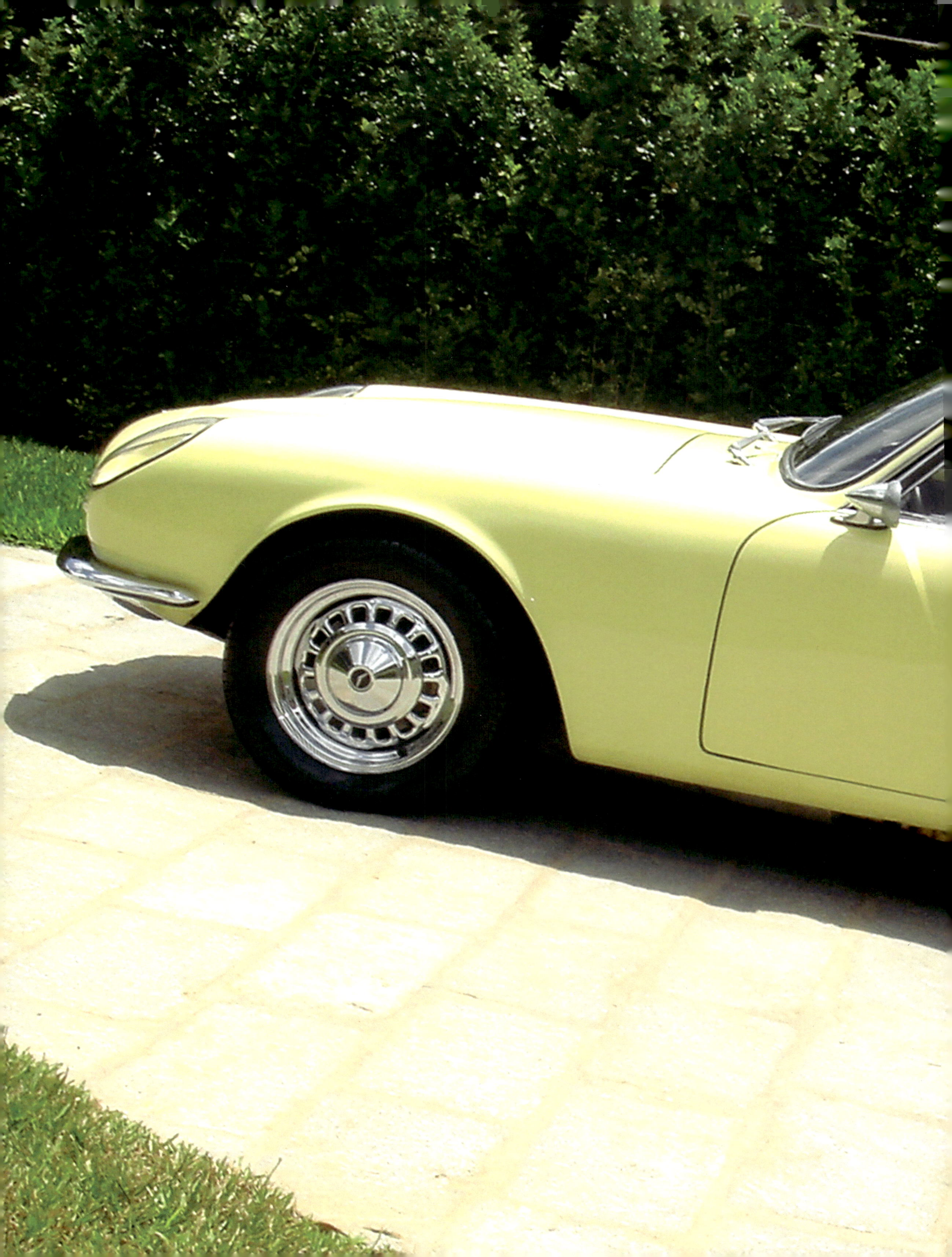

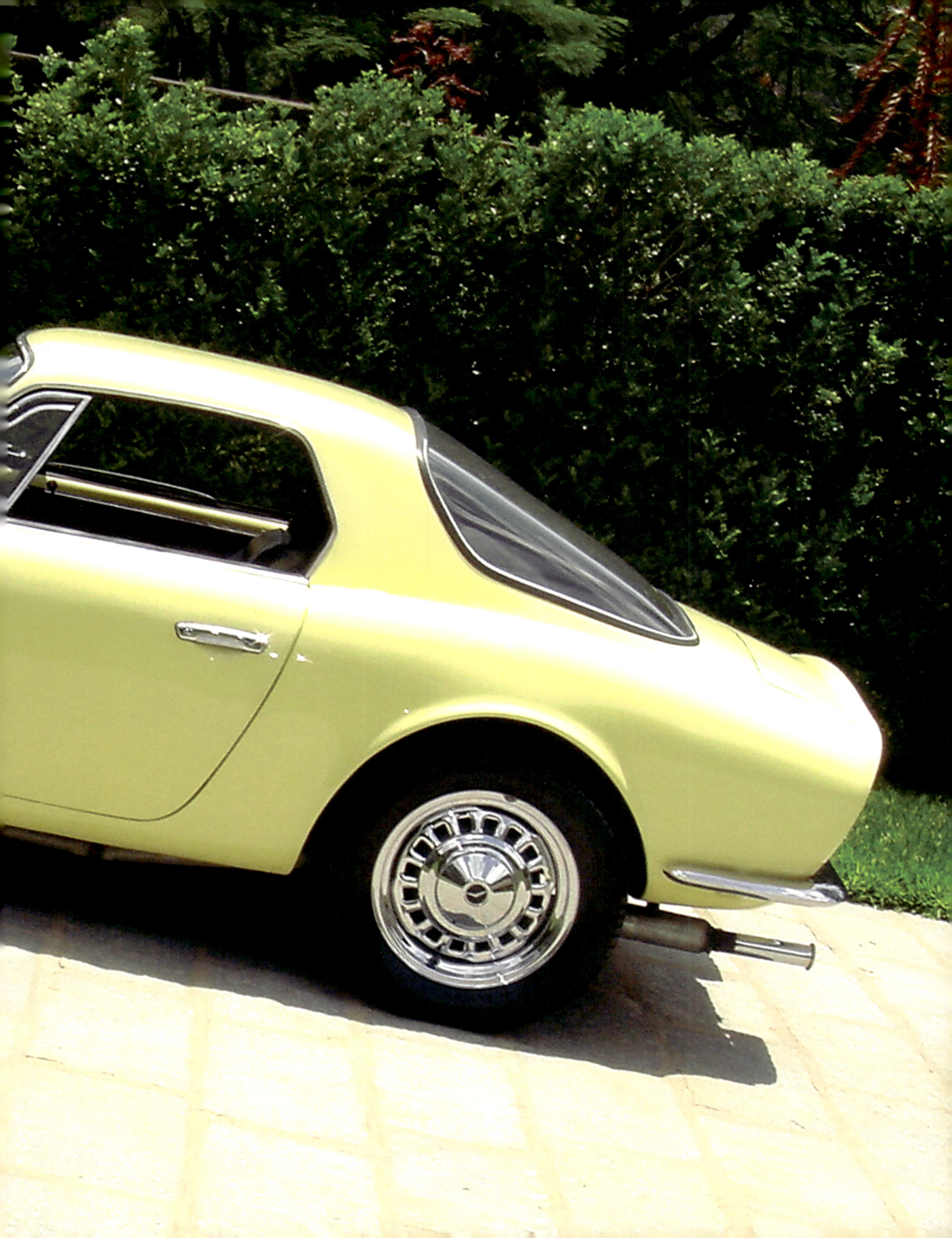

A Lumimari produziu entre 43 e 45 unidades do GT Malzoni – os registros são imprecisos. Alguns deles tinham acabamento bastante simplificado, sem nenhum revestimento interno. Essa versão, apropriadamente chamada de Espartana, pesava aproximadamente 700 kg, contra quase 800 kg do modelo completo. Apesar de concebida para atender ao pedido de pilotos, ela também era vendida para uso normal. Afinal, o preço era um incentivo: custava 9,5 milhões de cruzeiros, a moeda da época, contra mais de 10,5 milhões do modelo luxo. Como referência, naquele ano, o Aero-Willys Itamaraty, carro mais luxuoso feito no Brasil, custava em torno de 11 milhões de cruzeiros. No total foram produzidas cerca de cinquenta carrocerias, com as excedentes sendo usadas para fornecer peças de reposição ou para substituir a carroceria de carros acidentados.

Nesta página e ao lado: As imagens de época, datadas de fevereiro de 1965, permitem que se perceba o cuidado e o processo quase artesanal com que era produzido o GT Malzoni.

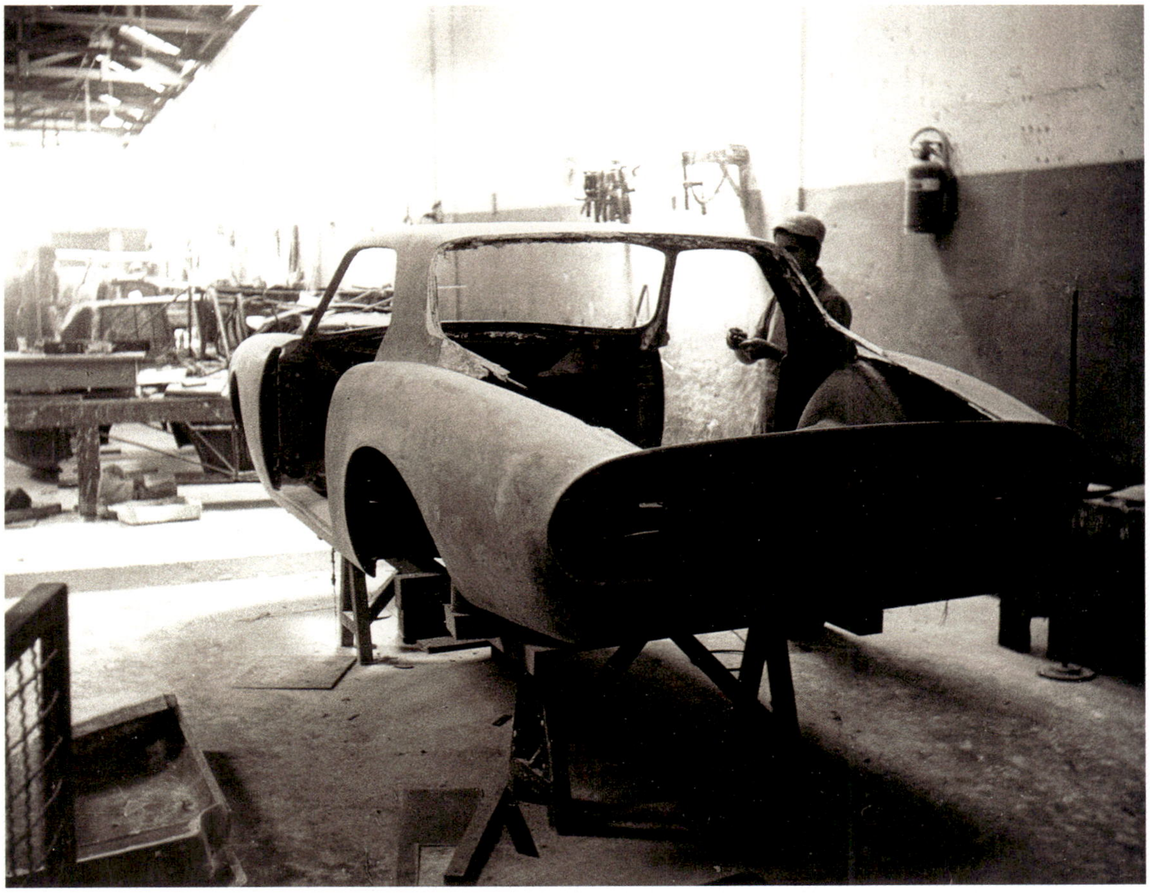

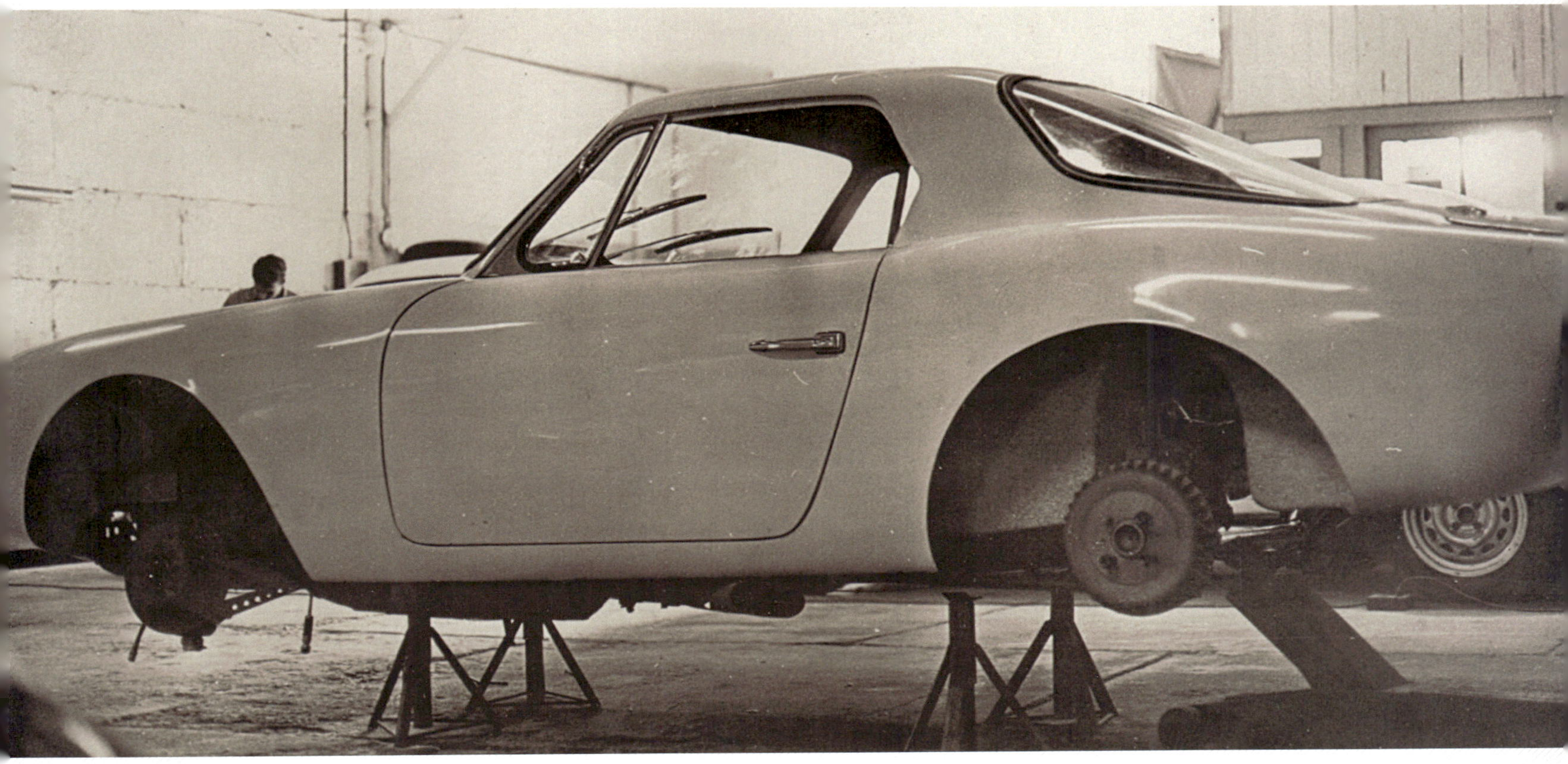

Nesta página e ao lado: O GT Malzoni foi muito bem avaliado na edição de junho de 1966 da revista *Quatro Rodas* (abaixo).

O entusiasmo de quem experimentava o carro deve ter ajudado bastante nas vendas. Um exemplo é a avaliação publicada em junho de 1966 pela revista *Quatro Rodas*, assinada pelo experiente piloto e repórter Expedito Marazzi. "Não é preciso ser mestre do volante para dar uma de Fangio nas curvas", foi um de seus comentários. "O carrinho não sai mesmo, nem querendo. É o melhor que se pode exigir em matéria de segurança."

Impressões ao dirigir o GT Malzoni

O GT Malzoni era equipado com o motor do Fissore, modelo de luxo produzido pela Vemag, que tinha 60 cv, mais potente do que os usados no Belcar e na perua Vemaguet. A versão de rua atingia 150 km/h e podia vir equipada com freios dianteiros a disco, uma novidade no mercado brasileiro, oferecida opcionalmente.

O carro era integralmente produzido na sede da empresa, cujo processo começava pelo encurtamento do chassi e algumas alterações mecânicas em relação aos carros de passeio da Vemag. O dínamo, por exemplo, era modificado para permitir a instalação de uma bomba-d'água, e o radiador era substituído por um mais largo e mais baixo, compatível com a pouca altura do capô. A refrigeração dos carros da DKW usava o sistema de termossifão, em que a circulação da água era feita pela diferença de temperatura, eficiente para o uso cotidiano, mas arriscado para uma condução esportiva, em rotações mais elevadas. Outra alteração importante era a mudança da alavanca do câmbio, originalmente posicionada junto à coluna da direção, para o assoalho.

Molas, amortecedores e escapamento traseiro, componentes importantes para o desempenho do carro, tinham especificação própria e eram fornecidos por fabricantes tradicionais, provedores das grandes fábricas da época. O mesmo ocorria com os vidros. A montagem total do veículo demandava a instalação do vidro vigia traseiro de plástico acrílico – mesmo material das bolhas que cobriam os faróis –, dos grupos ópticos, dos mecanismos de elevação das janelas das portas, das borrachas, dos bancos, dos revestimentos, das borrachas e das guarnições.

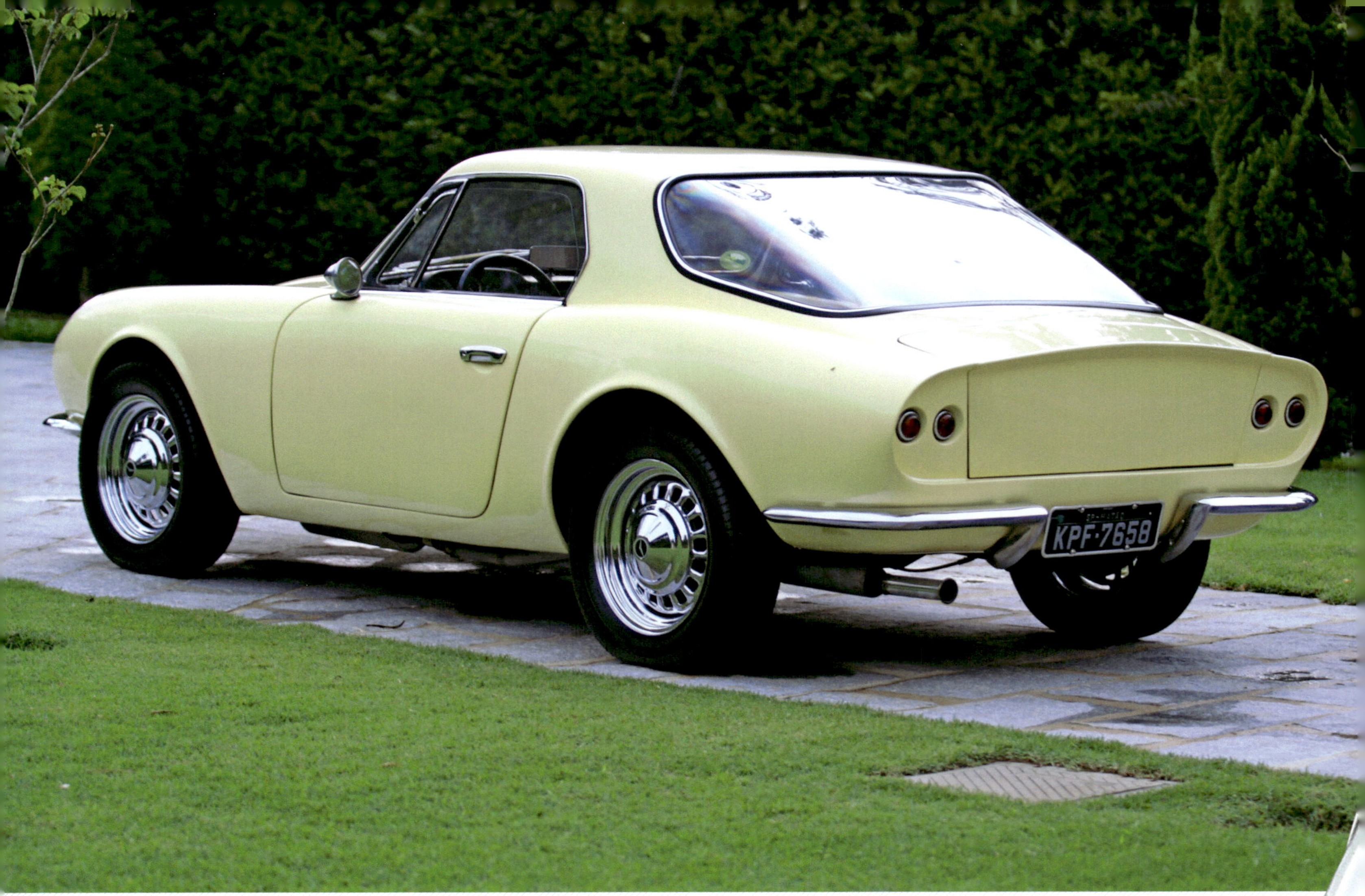
KPF·7658

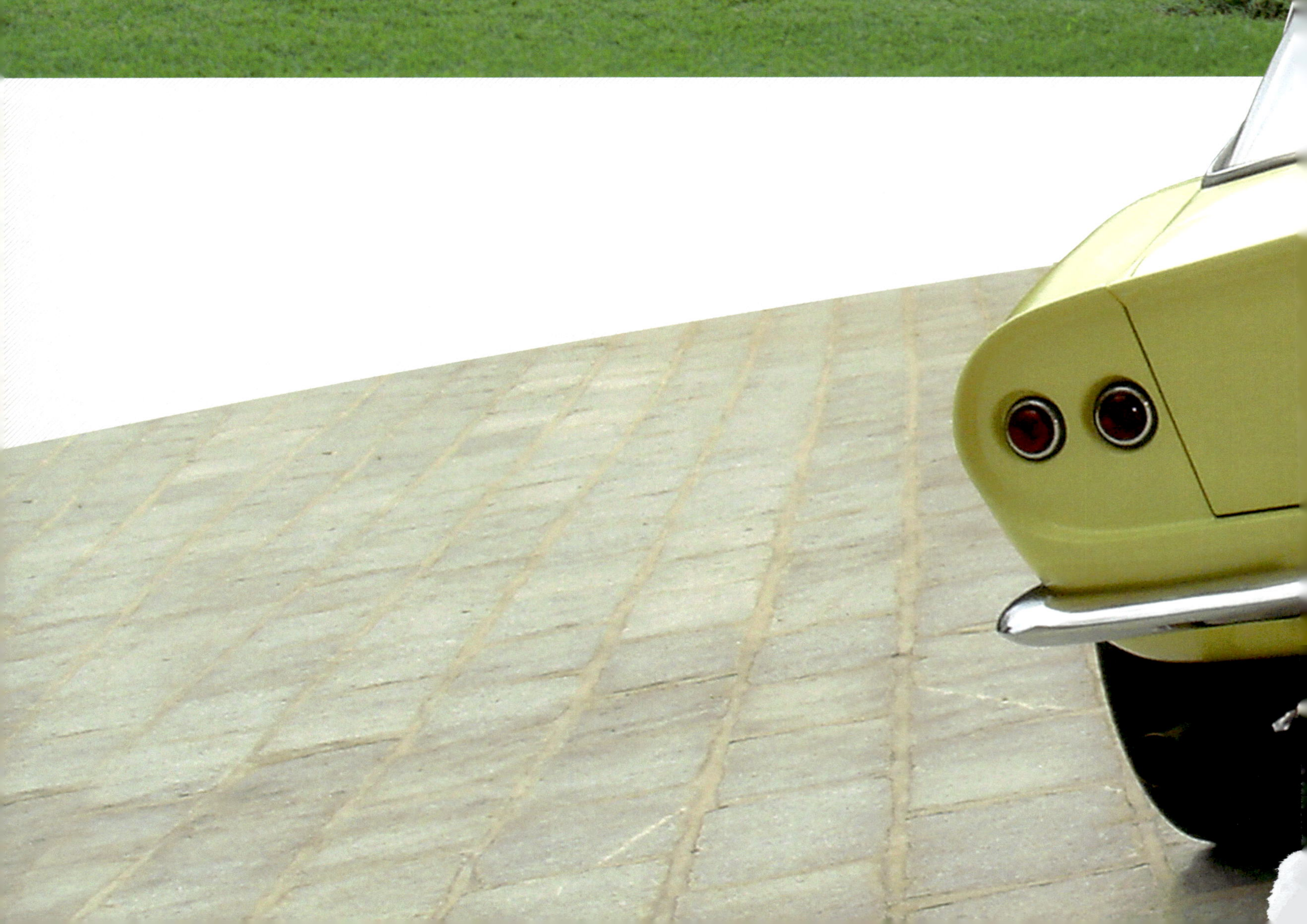

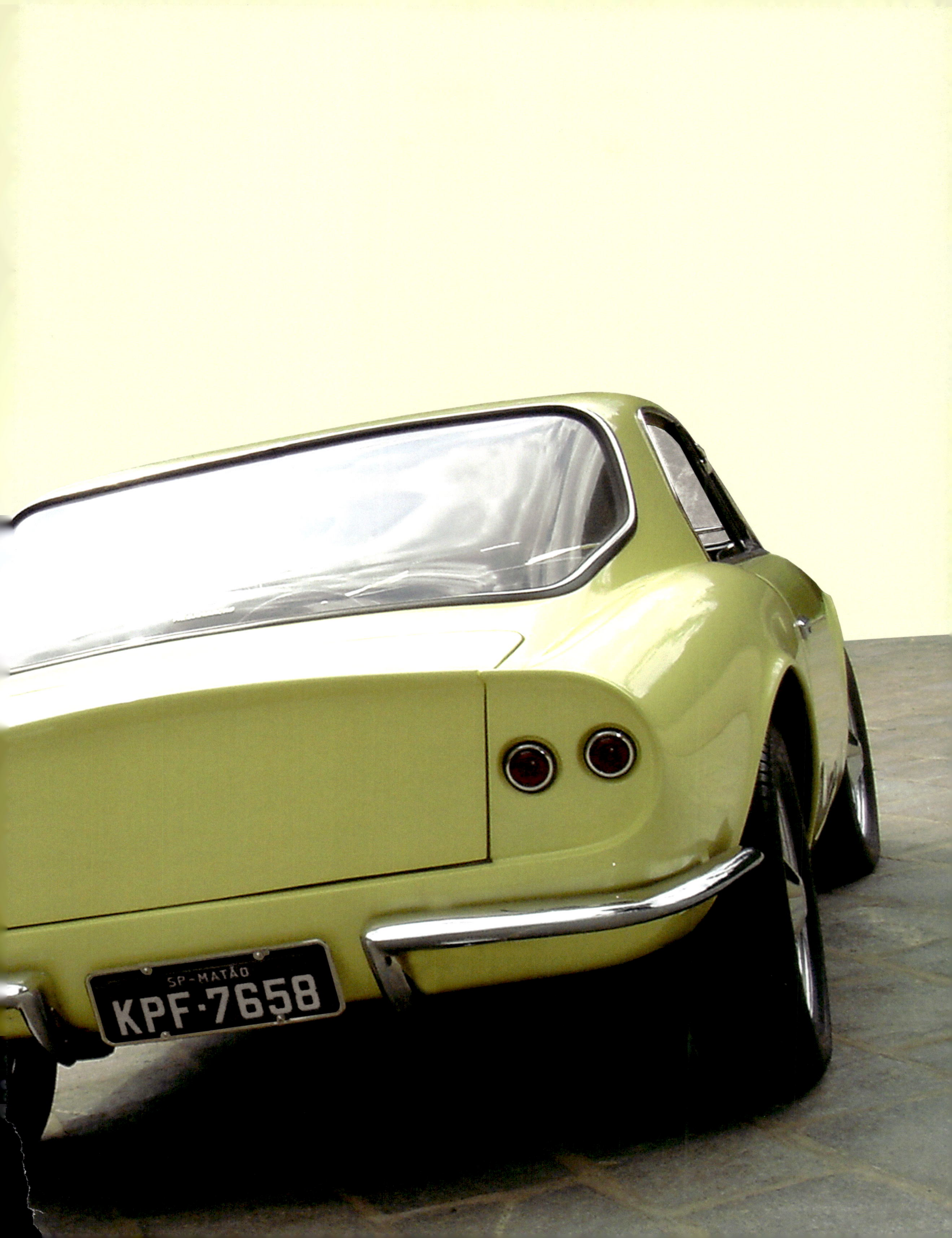
SP-MATÃO
KPF·7658

Ainda no início de suas atividades, a Lumimari ganhou um importante colaborador. Jorge Lettry fora chefe da equipe de competições da Vemag e resolvera deixar a empresa quando esta decidiu parar de participar de corridas. Ele havia se aproximado bastante de Rino durante o desenvolvimento das primeiras carrocerias de fibra, período em que costumava visitá-lo com frequência na Fazenda Chimbó. De origem italiana e temperamento prussiano, tornou-se sócio da empresa e assumiu a direção do setor de produção.

Consta ter sido de Lettry a sugestão de mudar o nome da empresa. "Lumimari lembrava alguma coisa como fábrica de fósforos ou de lustres", comentava ele. "A marca que me ocorreu foi Puma, que transmitia força, agressividade e era claramente brasileira." Como Rino já havia feito anteriormente o Onça, carro encomendado pela FNM, a ideia de uma marca relativa a uma fera nacional foi aceita prontamente. Puma foi, também, o nome do segundo carro produzido pela empresa. Marinho não chegou a participar da Puma, pois já havia se afastado da sociedade.

No final de 1966, o molde usado para a produção do GT Malzoni, feito originalmente para produzir poucas unidades, começou a apresentar alguns problemas e precisou ser substituído. Foi uma oportunidade para dar ao carro algum refinamento, que, por sua origem voltada às competições, tinha sido

Nesta página e nas seguintes: O projeto do Puma DKW foi desenvolvido por Anísio Campos sob a supervisão de Rino Malzoni e Jorge Lettry.

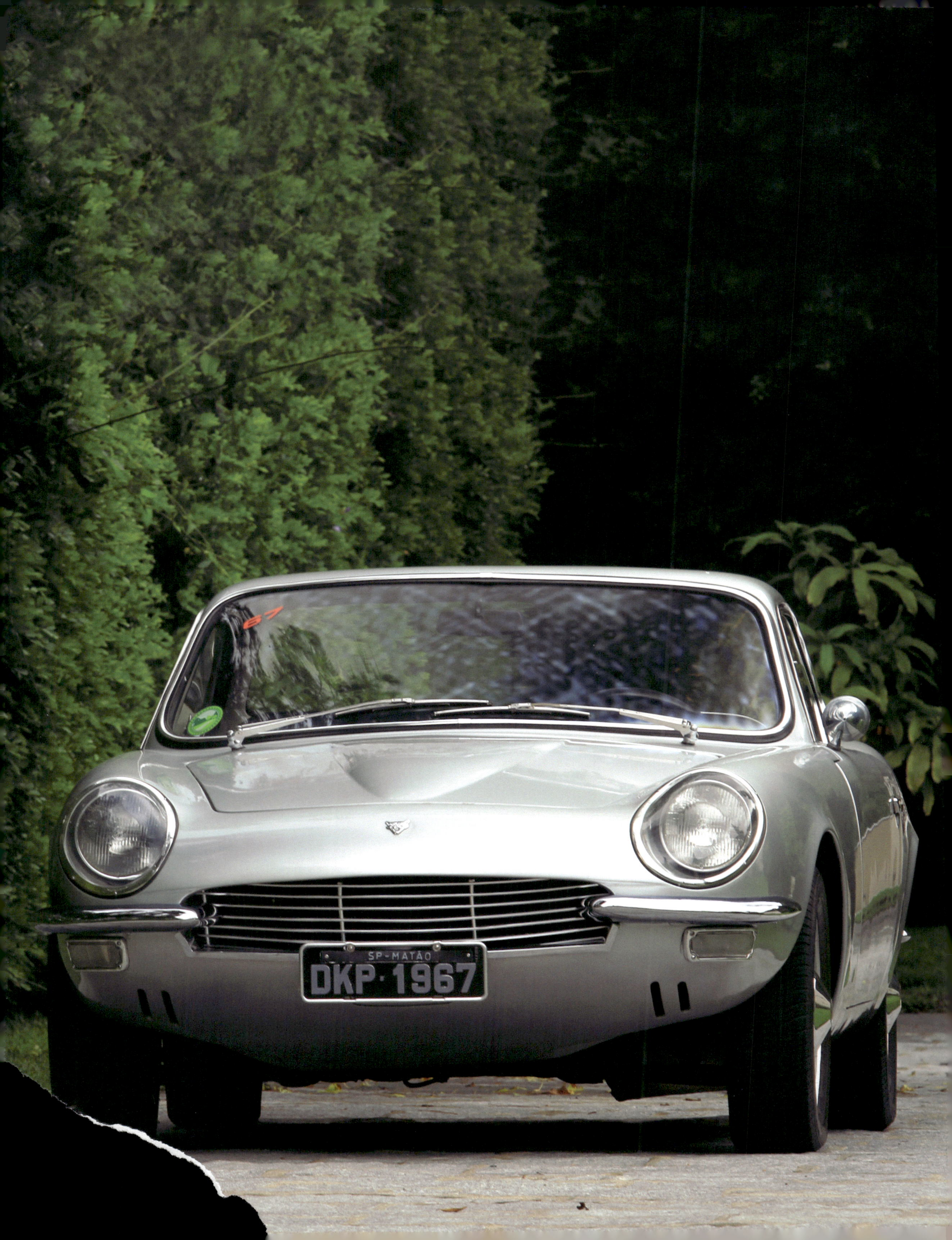

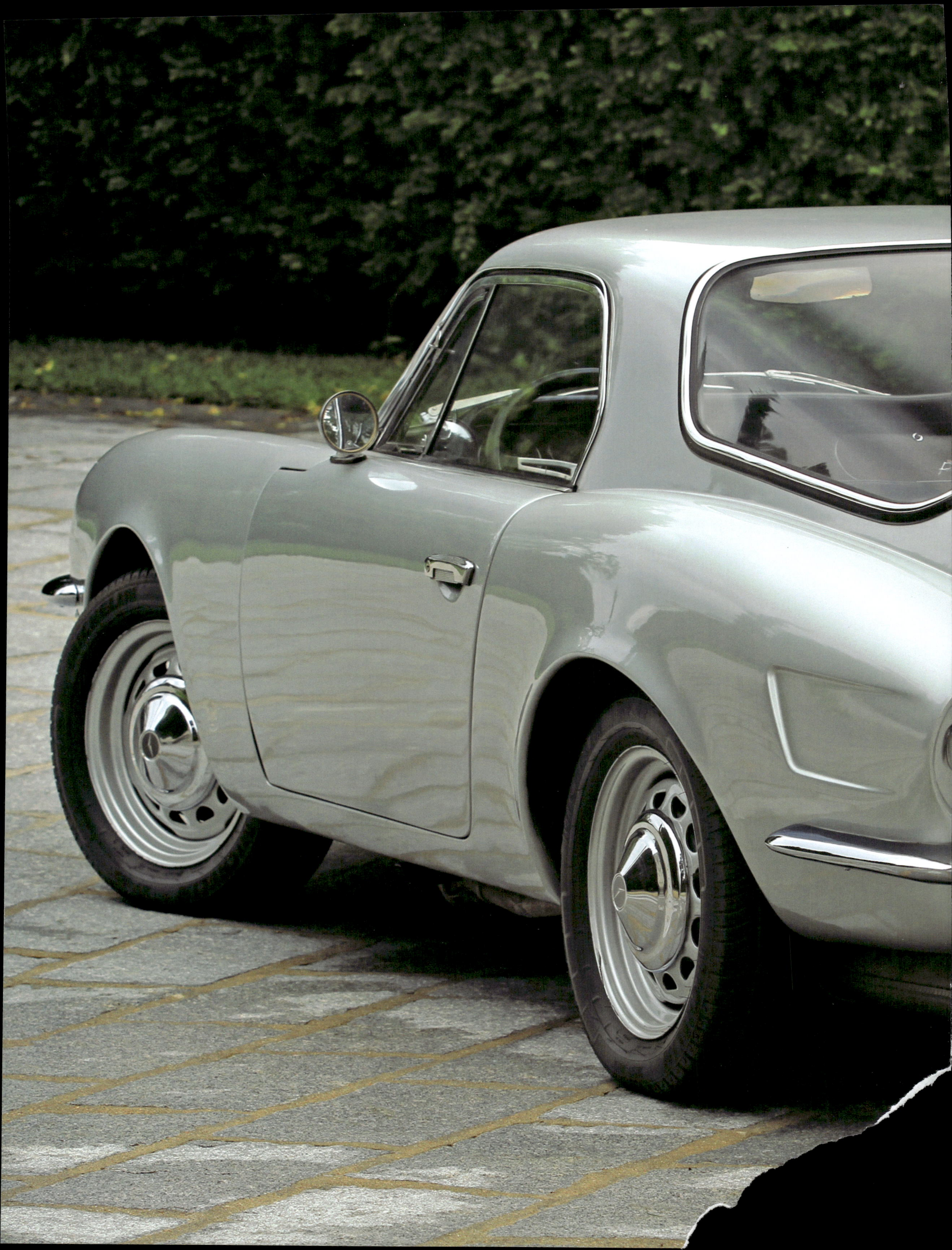

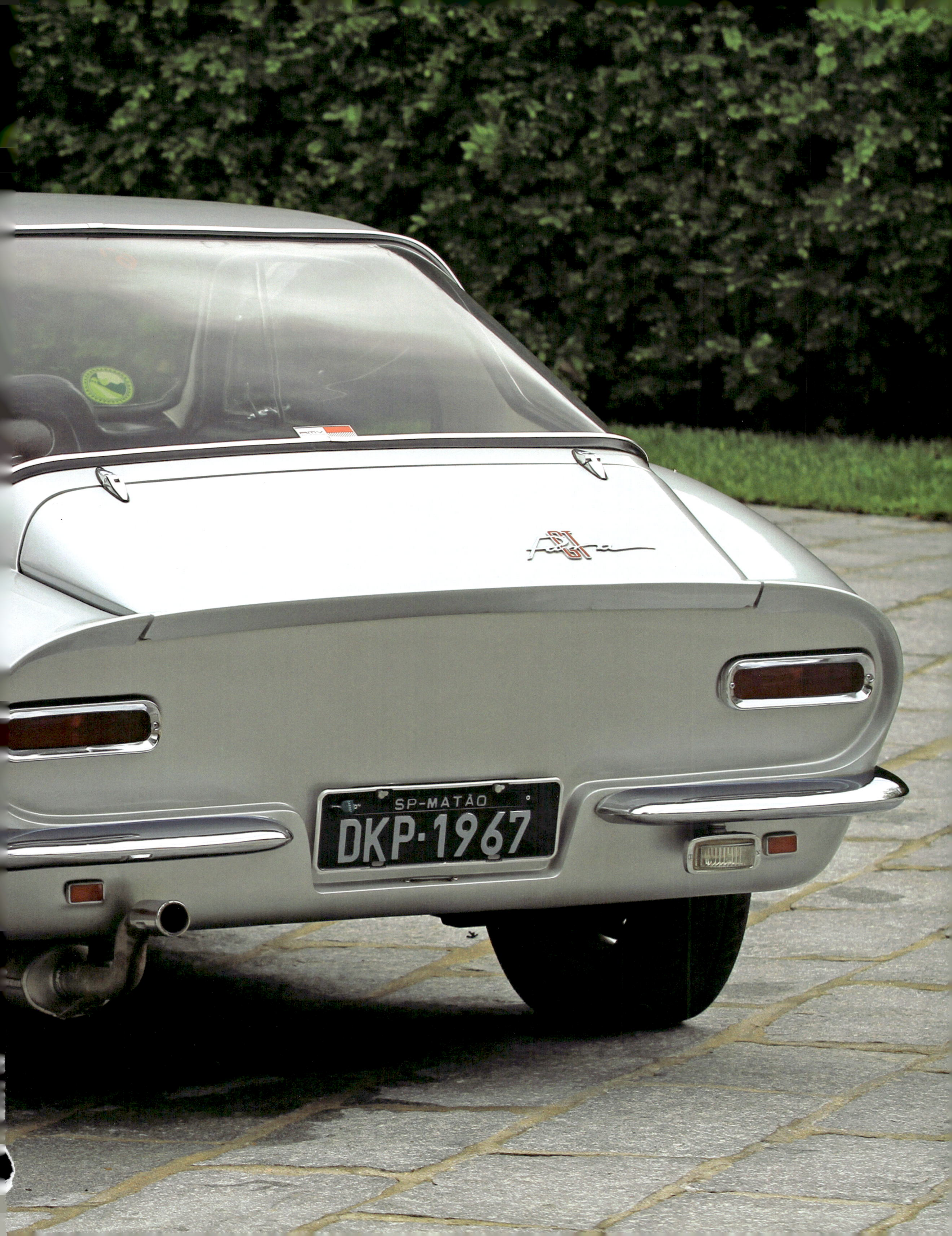
SP-MATÃO
DKP·1967

inicialmente deixado de lado. A ideia foi manter a silhueta original, suavizando suas linhas e, logicamente, melhorando bastante o acabamento de sua superfície. O modelo que serviu para a confecção do molde fora conferido num traçador, equipamento usado para medições tridimensionais, para garantir que os dois lados da carroceria fossem perfeitamente simétricos.

O design do Puma DKW foi executado por Anísio Campos sob a supervisão do Rino e do Jorge Lettry, até então mais conhecido como piloto – havia guiado para a Simca e para a Vemag – do que como criador de automóveis. Autodidata, ele havia conhecido Rino numa corrida em Araraquara e se tornado seu amigo. Seguidamente o *carrozziere* o "convocava" para passar o fim de semana na fazenda e acompanhar o desenvolvimento dos carros. Anísio contribuiu bastante na construção das primeiras carrocerias em fibra de vidro. "Eu tinha me interessado em conhecer esse processo de fabricação e aprendi por conta própria acompanhando o trabalho do Celso Cavallari, que tinha uma oficina que trabalhava para a Willys nas berlinetas Interlagos. Assim, ajudei a fazer o molde a partir do carro de chapa e a laminar as primeiras carrocerias."

O sucesso do Puma DKW foi imediato, alavancado ainda mais quando o modelo ganhou o prêmio de Carro mais Bonito do Brasil, num concurso pro-

Com carroceria de fibra de vidro, o Puma DKW manteve a silhueta do modelo GT Malzoni original.

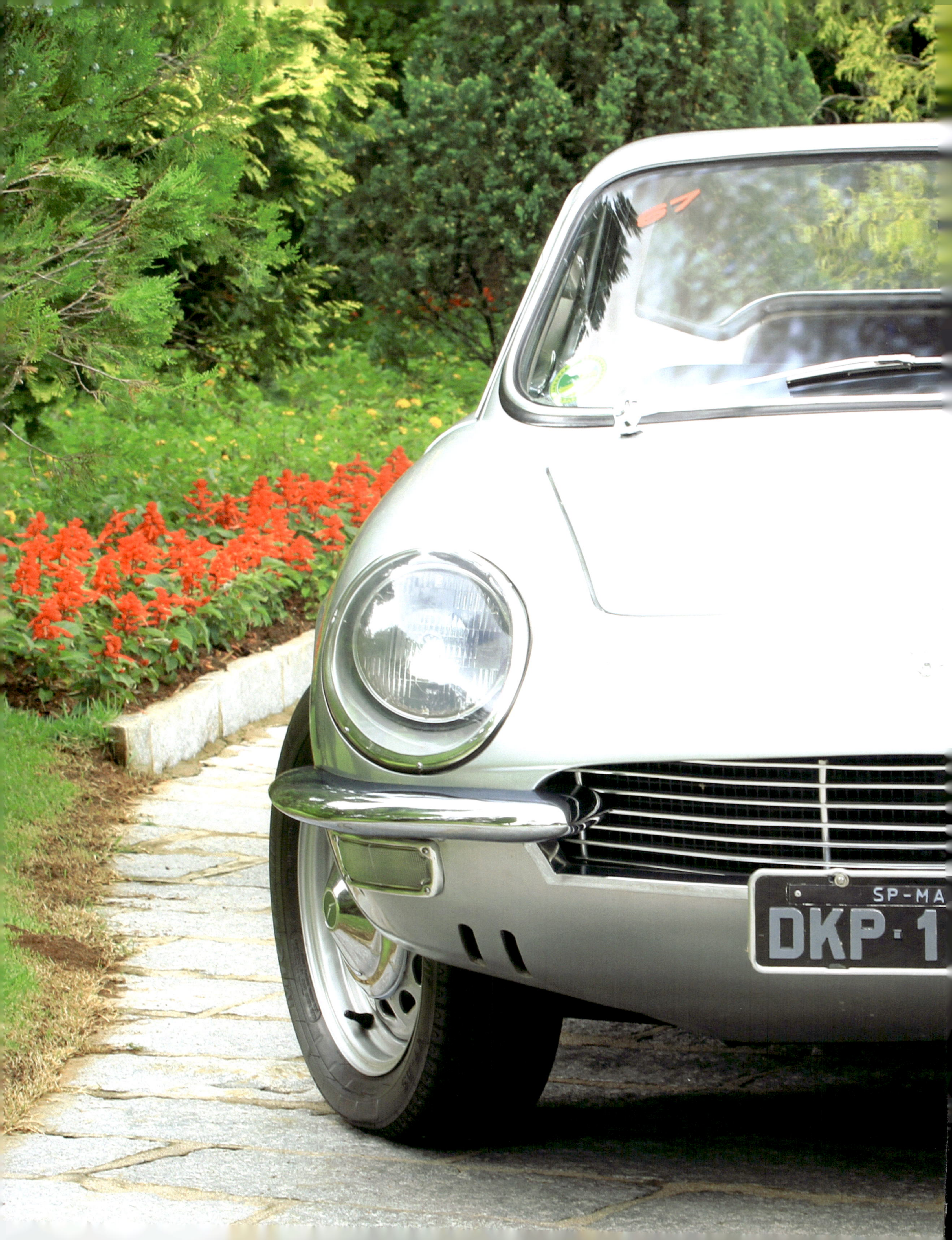
SP-MA
DKP-1

Esta imagem comprova que o prêmio de Carro Mais Bonito do Ano, concedido pela revista *Quatro Rodas*, foi mais do que merecido.

movido pela revista *Quatro Rodas*. O membro mais importante do júri era o *carrozziere* italiano Nucio Bertone. Uma indesejável consequência da parceria foi que, com o passar do tempo, muitos dos carros criados por Rino passaram a ser atribuídos a Anísio. "Isso não é verdade", afirma o designer. "Eu o ajudei muitas vezes, a gente conversava e eu colocava as ideias dele no papel. Fazia isso por prazer e amizade, nunca fui contratado ou pago por ele", reforça. Maria do Rosário, filha de Rino, lembra bem das visitas de Anísio: "Ele e papai se sentavam numa mesa redonda."

Rapidamente foram vendidas 135 unidades do Puma DKW. O número certamente teria sido maior se a Volkswagen, que havia comprado a Auto Union na Alemanha e, em seguida, a Vemag no Brasil, não houvesse encerrado a fabricação dos DKWs. Subitamente sem poder contar mais com o fornecimento de chassis e trens de força, a Puma passou por momentos de crise e correu o risco de fechar. Mas a iniciativa de Rino não permitiu.

Projeto Chimbó, o primeiro Puma Volkswagen, ainda em chapa, no dia em que ficou pronto.

O primeiro exemplar do Puma Volkswagen de 1968: modelo produzido em fibra de vidro e exportado para mais de cinquenta países, representou a consolidação da empresa criada por Rino Malzoni.

Puma, uma bela fera de quatro rodas

Na avenida Presidente Wilson, passando os tanques da Ultragás, há um acrílico com uma cabeça de fera mal encarada e a palavra "Puma". Ali funciona a mais nova fabrica brasileira de automóveis, reconhecida pelo GEIMEC desde setembro de 1966. Nos seus mais de 3 mil metros quadrados de área construída, ela produz, sobre uma plataforma VW, com orgãos mecanicos VW, com uma carroçaria em filberglass e uma dose muito grande de amor à arte e ao ofício, o único GT brasileiro, na idéia e na execução: O Puma II.

Diretor da fabrica, Jorge Lettry se pergunta e responde: "Por que o Puma, nascido e criado nas pistas, não corre mais? Porque estamos fazendo disso aqui uma industria de verdade, porque quem opera com uma produção em serie, por menor que seja, não pode se dar ao luxo de desviar recursos para competições inconsequentes e porque o automobilismo no Brasil não é propriamente uma criança, é um adulto mal crescido, mal formado, pretensioso, viciado e sem direção". E para

Lettry fala de catedra, é um dos homens que mais conhece automoveis e automobilismo neste País: "Não quero renegar uma atividade que deu vida ao nosso produto, quero apenas dizer que o automobilismo no Brasil ainda é varzeano, não pode comportar empreendimentos mais sérios, calçados numa estrutura industrial e economica de verdade". E para mudar de assunto: "Automobilismo amador e indisciplinado é para idealistas que colocam em jogo apenas o dinheiro do bolso e o trabalho de fundo de quintal, não o peso material de uma industria que deseja ser grande e precisa lutar com os leões na arena do mercado consumidor".

José Luis Nogueira Fernandes, o diretor financeiro, prefere falar da boa aceitação que o Puma II, com motor e tração traseiros, um desenho "prá frente" e uma construção caprichada, vem obtendo no mercado: "O preço não influi muito na comercialização do produto, porque se trata de uma categoria de carro que não tem rival no Brasil. As vendas são feitas por encomenda porque ainda não estamos preparados para uma produção em massa. O mercado de capitais no Brasil está longe de corresponder às necessidades da produção, muito menos as da comercialização".

Para Luís Roberto Alves da Costa, diretor comercial, a garantia de fabrica e a possibilidade de encontrar serviços de reparação e manutenção em qualquer ponto do País — o Puma II é assistido pela rede de revendedores Volkswagen — favorecem bastante a penetração do carro no mercado: "A ofensiva atual de carros europeus no mercado brasileiro não nos ameaça, porque os compradores desses carros não podem explorar um raio de ação muito alem das grandes cidades. Há dificuldades de manutenção e o mercado de peças de reposição, além de curto e localizado, é muito caro. O Puma II, bem ao contrário, por causa de sua mecanica VW, de fabricação nacional, tem peças à disposição em cada esquina. Sem contar, evidentemente, as caracteristicas do produto, muito adequado para quem sente paixão por GTs, para quem gosta de um carro não apenas jovem e esportivo, mas diferente do carro do vizinho, do amigo, do colega, às vezes dos carros da cidade inteira".

AUTOMOVEIS — Joelmir Beting

A boa estrela de Malzoni

Uma fabrica 100% nacional — a unica — a Puma Veiculos e Motores Ltda. recebeu na pia batismal o nome de Lumimari, para produzir e correr com o GT-Malzoni, um carro desenhado por Genaro "Rino" Malzoni em sua fazenda de Matão, recheado de DKW e dando nas pistas algumas de Davi, contra Golias nacionais e estrangeiros.

Quando o publico amante de corridas começou a exigir exemplares do carro para passear aos domingos, Malzoni caprichou nos detalhes "sociais" do projeto, colocando valores de conforto junto aos de performance e fez nascer o Puma I, um verdadeiro leão de montanha, agil, rapido, imaginativo, valente, de graça felina. Puma é um leão de montanha, agil, rapido, imaginativo, valente, de graça felina. Puma é um leão de cordilheira, muito comum no agreste americano e canadense. É considerado pelos zoologos como o animal mais aerodinamico que existe. É capaz de cair sobre um monte de palhas sem fazer o menor ruido... Nosso Puma de quatro rodas tambem é o automovel mais aerodinamico que agora, circula em nossas ruas e estradas.

Tal filho, tal pai. A Lumimari mudou de nome: Puma Veiculos e Motores Ltda., como tal reconhecida pelo Grupo Executivo da Industria Mecanica (GEIMEC), divisão da Comissão de Desenvolvimento Industrial do Ministerio da Industria e Comercio. Essa caracterização é necessaria, porque o GEIMEC só aprova projetos industriais dotados de indiscutivel viabilidade economico-financeira e tecnológica.

E a competencia tecnologica da equipe da Puma está na conversão da mecanica DKW em mecanica VW e na melhoria imediata e substancial do estilo do carro, o atual Puma II. Lettry conta os milagres do fiberglass, um material de procedencia petroquimica, resistente, extremamente maleavel e leve. Uma solução sem igual para a industria da praticidade, da leveza e da velocidade. Na Puma, essa industria é conduzida por homens e talentos como Genaro Malzoni, Milton Masteguin, Jorge Kettry, Luis Roberto Alves da Costa e José Luis Nogueira Fernandes.

É um Volks mais valente

Motor de Kombi e de Karmann-Ghia equipa o Puma II. É o VW-1500. A plataforma VW, que se lhe serve de partida, foi encurtada entre-eixos de 2,40 metros para 2,15 metros. O sistema original de carburação foi substituido por outro que emprega dois carburadores Solex 32 PDIS, de fabricação nacional. Por causa disso, o distribuidor de avanço a vacuo acabou substituido pelo de avanço centrifugo (Bosh, modelo VJR 4BR5). Com tais alterações, a potencia passou de 52 para 60 HP, com ganho de mais 200 rpm. O torque original de 9,9 subiu para 10,5 kgm. Não houve alteração na taxa de compressão, o que permite usar gasolina amarela. O consumo de oleo é o mesmo do Karmann-Ghia. A potencia e o torque ganham muito com a leveza do carro, feito de fiberglass: 690 quilos, com tanque cheio. E freios hidraulicos, a tambor, simples nas quatro rodas.

A transmissão é formada pela mesma caixa de cambio e pelo mesmo diferencial do sedan VW. O sistema de direção tambem é Volkswagen, construido pela Gemmer, mas o volante é um Formula I, de 380 mm (o original VW tem 400 mm). O freio de mão e o controle de ar quente são identicos ao do sedan VW. A alavanca de cambio, redesenhada, está inclinada para trás e seu ponto extremo é igual ao da alavanca do Porsche. O painel de instrumentos mostra um velocimetro com marcação de até 200 km/h, incorporando o odometro e luzes indicadoras de sinalização de direção, pressão de oleo, gerador e farol alto. O medidor de combustivel fica ao centro e tem à direita um conta-giros eletrico, com escala de até 6000 rpm. O painel é revestido na parte superior e frontal por material acolchoado. Há lugar para radio, o porta-luvas foi eliminado, as portas dispõem de cinzeiros e descança-braços, além de trava de segurança.

A carroçaria, desenvolvida por Rino Malzoni, é de fiberglass (fibra de vidro) e pesa apenas 690 quilos. Não há cromados para atrapalhar, porque se trata de um estilo enxuto, que se impõe pelo desenho, não pelos enfeites.

"A maior qualidade dele era a perseverança", relembra Marinho. "Ele não desistia fácil e sempre conseguia fazer o que queria." Por sugestão de Lettry, Rino retomou um projeto que hibernava no galpão da Fazenda Chimbó. O que era para ser um carro de corrida com a plataforma do Karmann-Ghia acabou virando um protótipo. Assim, após nove meses de trabalho intenso, nasceu o Puma Volkswagen, carro que viabilizou o crescimento e a consolidação da empresa.

O pequeno esportivo foi exportado, em suas várias versões, para mais de cinquenta países, inclusive vários da Europa, Japão e Estados Unidos. No total, foram mais de 23.500 exemplares, entre conversíveis e modelos produzidos para corridas, com carroceria mais leve e sem acabamento interno. O carro era oferecido normalmente com motor Volkswagen refrigerado a ar, com 1.600 cm³, de potência modesta mas durabilidade garantida.

Havia compradores ávidos por mais desempenho, e, para atendê-los, a fábrica criou ao longo do tempo uma linha de equipamentos para transformação de motores, que incluía kits de pistões, sistema de lubrificação forçada com cárter seco e radiador de óleo e uma série de comandos de válvulas mais bravos (ou seja, com maior duração e levantamento, portanto favorável a altas rotações), cujo uso também foi muito popular entre os proprietários de Fusca, Brasília e Karmann-Ghia.

Um dos fatores que tornaram o Puma conhecido no exterior foi uma excursão do sul ao extremo norte da Europa, durante a qual o carro despertou muita curiosidade. Quem o levou foi Jorge Lettry,

Nestas páginas e na seguinte: A repercussão do sucesso do Puma Volkswagen era notória: em diversos veículos da imprensa especializada os elogios ao carro e à iniciativa de Malzoni eram unânimes.

O lance mais ousado do automóvel brasileiro: voar para Nova York e enfrentar Detroit em casa.

A fera brasileira sai pelo mundo

Uma fera brasileira com nome de leão americano das Montanhas Rochosas, o Puma, começa a penetrar na pátria do automóvel, via Salão de Nova York. Por dentro, é um Volkswagen meio bravo, com órgãos mecânicos do VW-1600. Por fora, um GT fugidio nas linhas inspiradas de Rino Malzoni. Concebido numa fazenda do município de Matão, criado numa fábrica da avenida Presidente Wilson e embarcado num Boeing da Varig, o Puma 1600 S, "made in Brazil", faz o norte-americano coçar o queixo, perguntar o preço, admirar-se da procedência e encomendar 100 carros por mês, sem mais nem menos.

A Puma Veículos e Motores enfrenta agora um desafio maior que o das barreiras alfandegárias: o desafio dos 53 itens de segurança exigidos pela legislação norte-americana, entre os quais o dispositivo de controle de gases de escape. O preço é competitivo e não preocupa: o Puma pode ser vendido nos Estados Unidos por 3.885 dólares. A Europa também está na mira da fábrica do Ipiranga, depois do sucesso alcançado por dez exemplares do Puma no Salão do Automóvel de Barcelona. Essa participação foi obtida graças aos esforços da Bresa, empresa especializada em comércio exterior.

Luiz Roberto da Costa Alves, diretor da Puma, revela que não é de hoje que os norte-americanos manifestam interesse pelo nosso Puma. A Weston International Corporation, a principal interessada, queria começar o negócio no ano passado, com uma importação experimental de 25 unidades. O sucesso obtido pelo Puma no Salão de Nova York — onde desfilam apenas carros fora de série — animou a Weston a propor a aquisição de uma centena de unidades mensais. Para a Puma Veículos e Motores Ltda. só falta ajustar o carro à legislação de segurança e obter da Volkswagen brasileira a garantia de um fornecimento adicional de 100 chassis por mês. Rudolf Leiding, presidente da Volkswagen, diz que não há problemas quanto a isso.

Rino Malzoni trabalha intensamente na adaptação do projeto para as condições norte-americanas: é o chamado Puma-Exportação. Em junho o protótipo estará testado e aprovado. Um molde com balanceador de linhas já espera o protótipo na fábrica da avenida Presidente Wilson. O objetivo da fábrica é ambicioso: de uma produção atual de 2 carros por dia, espera chegar a 100 unidades mensais, compreendendo 20 veículos diários no primeiro mês e 100 unidades até o fim do ano. O novo modelo não difere muito do atual 1500 em sua carroçaria. Ele muda no acabamento interno e na introdução de alguns dispositivos de segurança. A mecânica VW 1600 pode evoluir para um motor 1800, com a dupla carburação da Variant.

No Puma GT-Exportação as diferenças estão na lanterna maior da Variant, nos vidros reforçados, na coluna de direção retrátil, a tomada de ar no capô, freios a disco, eixos do VW-1600, rodas de magnésio, diferencial mais longo, relações de marcha mais longas, 6 quilos mais pesado, eixo comando de válvulas mais bravo, pistões de cabeça chata, taxa de compressão de 7,7:1, novo sistema de carburação, filtros de ar do tipo seco, distribuidor com avanço centrífugo Bosch e conjunto do virabrequim, polia do virabrequim, volante do motor e capô balanceados dinamicamente para evitar qualquer espécie de vibração. A carroçaria continua empregando o fiberglass.

Quem quiser rodar no Brasil com o GT-Exportação terá de pagar perto de 26 mil cruzeiros novos. Para o Exterior, ele sai da fábrica custando apenas 2700 dólares porque o Governo, para torná-lo competitivo nos mercados externos, isentou o carro dos 17% do ICM, reduziu o IPI e concedeu à empresa uma bonificação de 15% sobre os dois tributos. Em resumo: o Puma desfruta dos mesmos benefícios concedidos pela legislação fiscal aos produtos industrializados em geral. Não é sem razão que as vendas de manufaturados para o Exterior experimentaram no primeiro trimestre do corrente ano, segundo o companheiro J. S. Vanni, uma expansão de 109% sobre igual período do ano passado.

As possibilidades da Puma Veículos e Motores Ltda., única fábrica 100% nacional — reconhecida pelo GEIMEC em 1966 — são muito boas lá fora: as consultas e solicitações de amostras chegam dos Estados Unidos, Canadá, Uruguai, Argentina, Peru, Venezuela, México, Espanha, Portugal, Inglaterra, França, Alemanha, Itália e Grécia. Uma consagração internacional para o talento de estilistas do porte de Rino Malzoni e Anísio Campos (que trata de criar a versão jipe do Puma) e para a persistência de técnicos e empresários do nível de Jorge Lettry, Milton Masteguin, Luís Roberto Alves da Costa e José Luís Nogueira Fernandes.

Para a Europa, o Puma vai de navio: Espanha, Alemanha e Inglaterra

Em um país quente como o Brasil, conversíveis são sempre um sucesso. Com o Puma Volkswagen Spider não foi diferente.

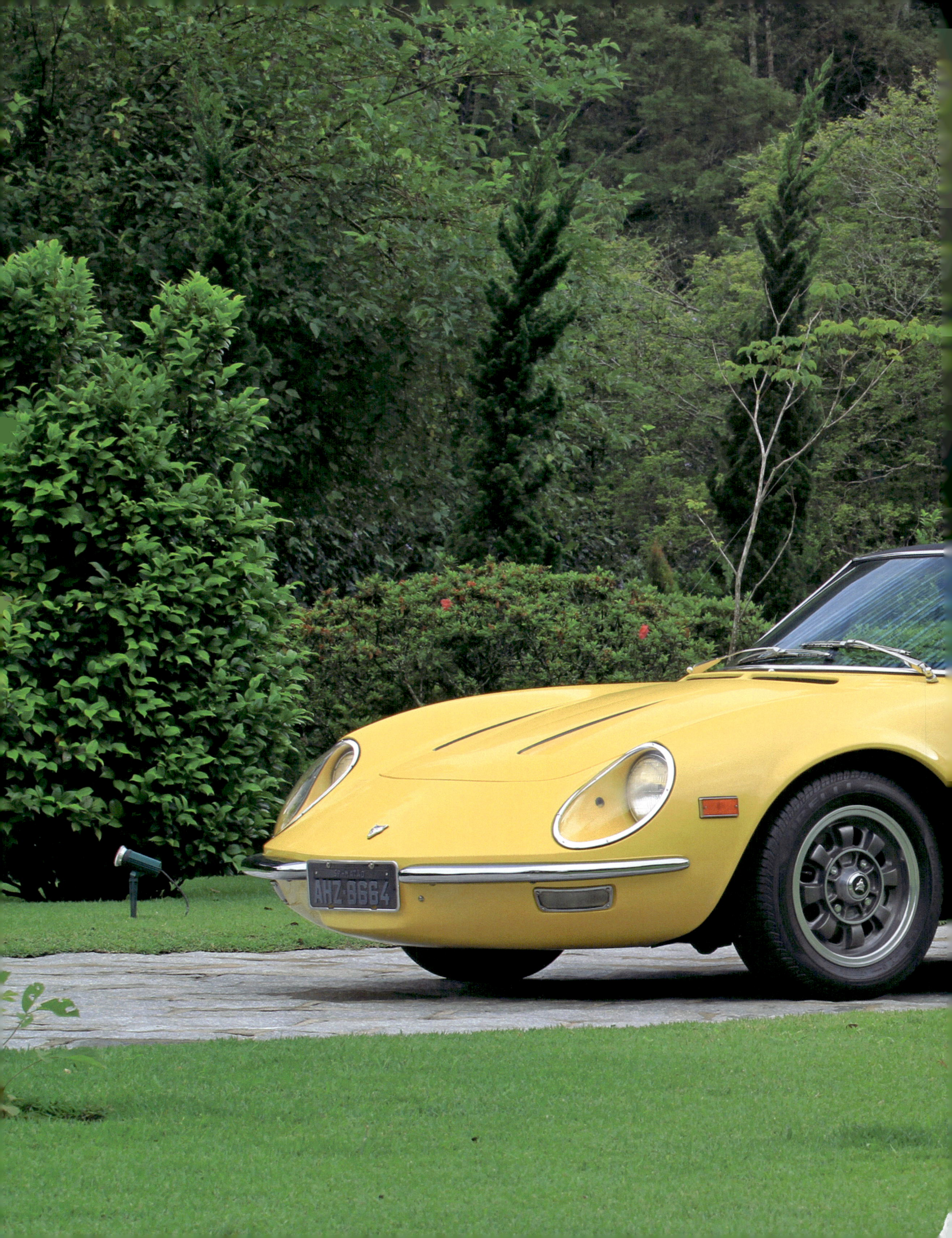

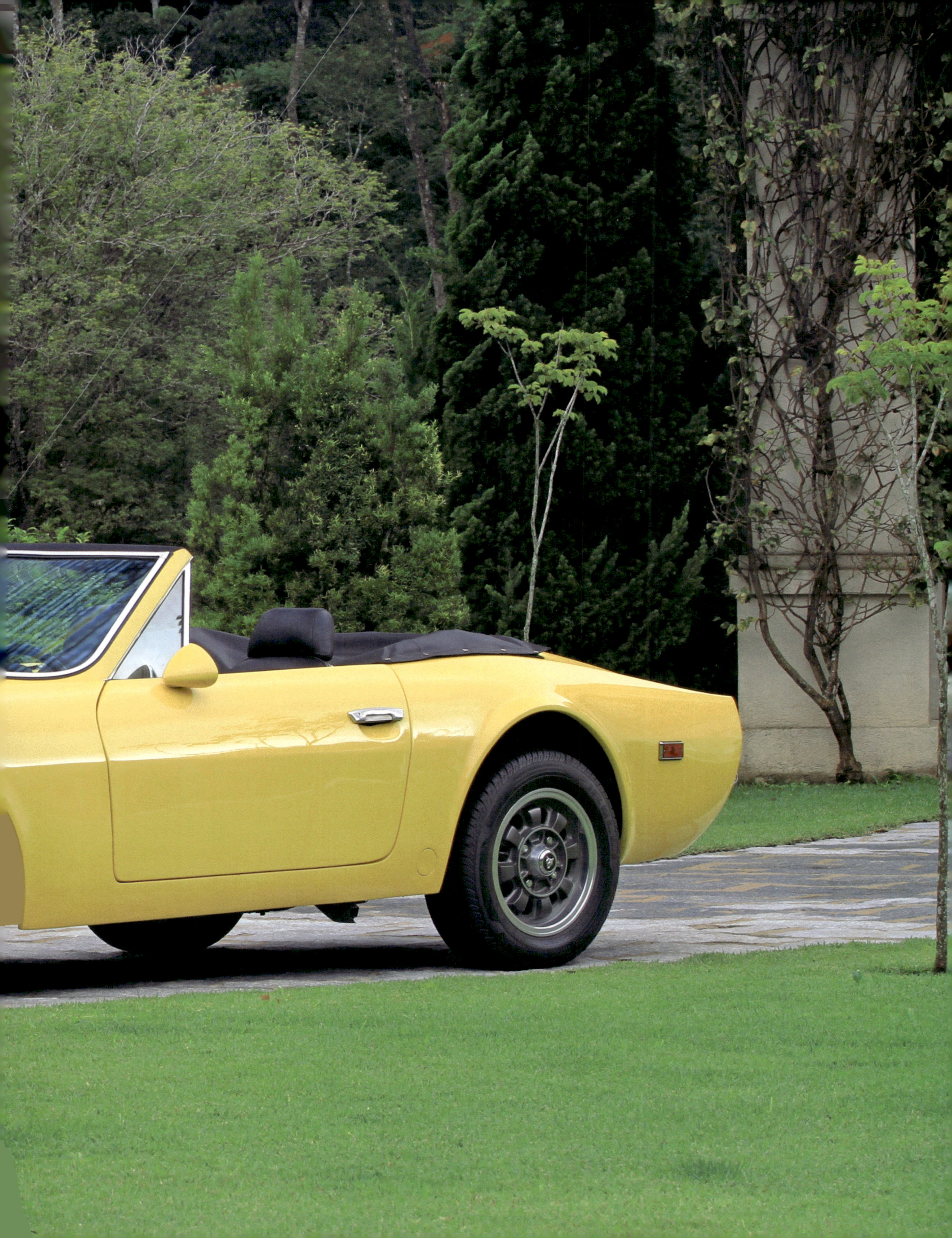

aproveitando a passagem ganha pela Puma como prêmio no concurso da revista *Quatro Rodas*. Lettry fazia questão de exibir o modelo às mais conceituadas fabricantes europeias de carros esporte. Outro fato decisivo na história do carro e da marca foi uma reportagem feita pelo jornalista americano Karl Ludwigsen, editor da revista *Automobile Quarterly*. Ele fez uma avaliação do Puma extremamente elogiosa, numa matéria de cinco páginas fartamente ilustrada. Não demorou para chegarem pedidos do mundo inteiro.

Um fato único até hoje para um carro brasileiro foi a fabricação do Puma sob licença na África do Sul. Segundo reportagem feita pelo jornalista Jason Vogel, do jornal *O Globo*, a empresa Bromer Motors produziu 357 unidades do carro na cidade de Durban em 1972. A experiência foi interrompida, mas, anos mais tarde, o holandês Jack Wijker, diretor técnico de uma concessionária Volkswagen em Joanesburgo, fez uma visita à fábrica de São Paulo com a intenção de importar o Puma. A operação foi inviabilizada pelos impostos sul-africanos e Wijker acabou reativando a fabricação local entre 1989 e 1992, mas em pequena escala, produzindo apenas 26 unidades no período.

Incrivelmente, mais de quarenta anos após seu lançamento, o Puma continua sendo fabricado naquele país. Depois de uma interrupção de alguns anos, devido a problemas familiares, Wijker, com a ajuda financeira de um novo sócio, voltou a produzir o carro utilizando componentes de velhos Fuscas com motorização 1.500 e 1.600. Os moldes são os da extinta Bromer Motors, da versão GTE, de 1973, com janelas laterais traseiras no lugar das entradas de ar originais. A Puma Sports Car S.A. (S.A. significa South Africa) também executa, por encomenda, a transformação de Volkswagens originais em Pumas.

O Puma Volkswagen Spider faz parte de uma lista de versões desenvolvidas por Malzoni para atender às encomendas que chegavam do mundo todo. Abaixo, o primeiro modelo.

Nesta página e na seguinte: O Puma GT de 1972 com detalhes do painel (abaixo).

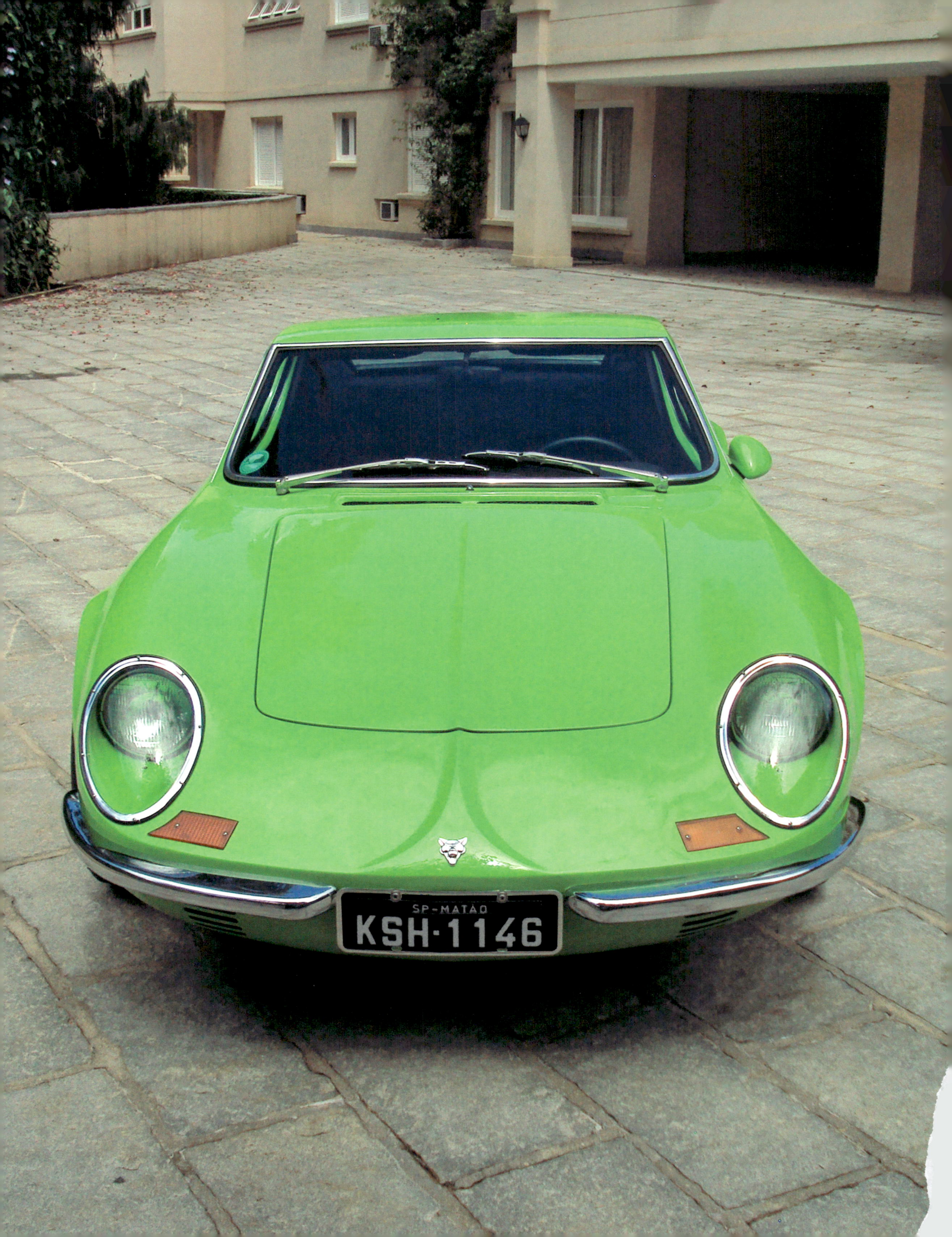
SP-MATAO
KSH-1146

Com a produção e as vendas do Puma Volkswagen consolidadas, Rino partiu para um novo projeto. A restrição às importações abria espaço para um carro mais potente e vistoso, capaz de substituir, de alguma forma, Mustangs, Camaros e outros modelos grandes e de bom desempenho. Assim nasceu o Puma GTB, que utilizava como base a mecânica do Chevrolet Opala.

O primeiro protótipo ficou pronto em 1971, inicialmente denominado pela sigla GTO. O carro foi apresentado ao público com grande sucesso no Salão do Automóvel de 1972, mas começou a ser vendido apenas em 1974. Além do motor e da transmissão do Opala, o Puma Chevrolet usava os subchassis e as suspensões do carro de passeio, unidos por uma estrutura própria, com duas longarinas longitudinais. O comprador podia escolher entre os motores de seis ou de quatro cilindros, e ambas as versões tinham câmbio de quatro marchas com alavanca no assoalho. As avaliações feitas na época por várias revistas o elogiavam, ressalvando que o carro merecia uma mecânica mais potente do que a oferecida.

Acima: Rino Malzoni e o protótipo do Puma GTO. Abaixo e na página seguinte: O Puma GTB em sua melhor forma.

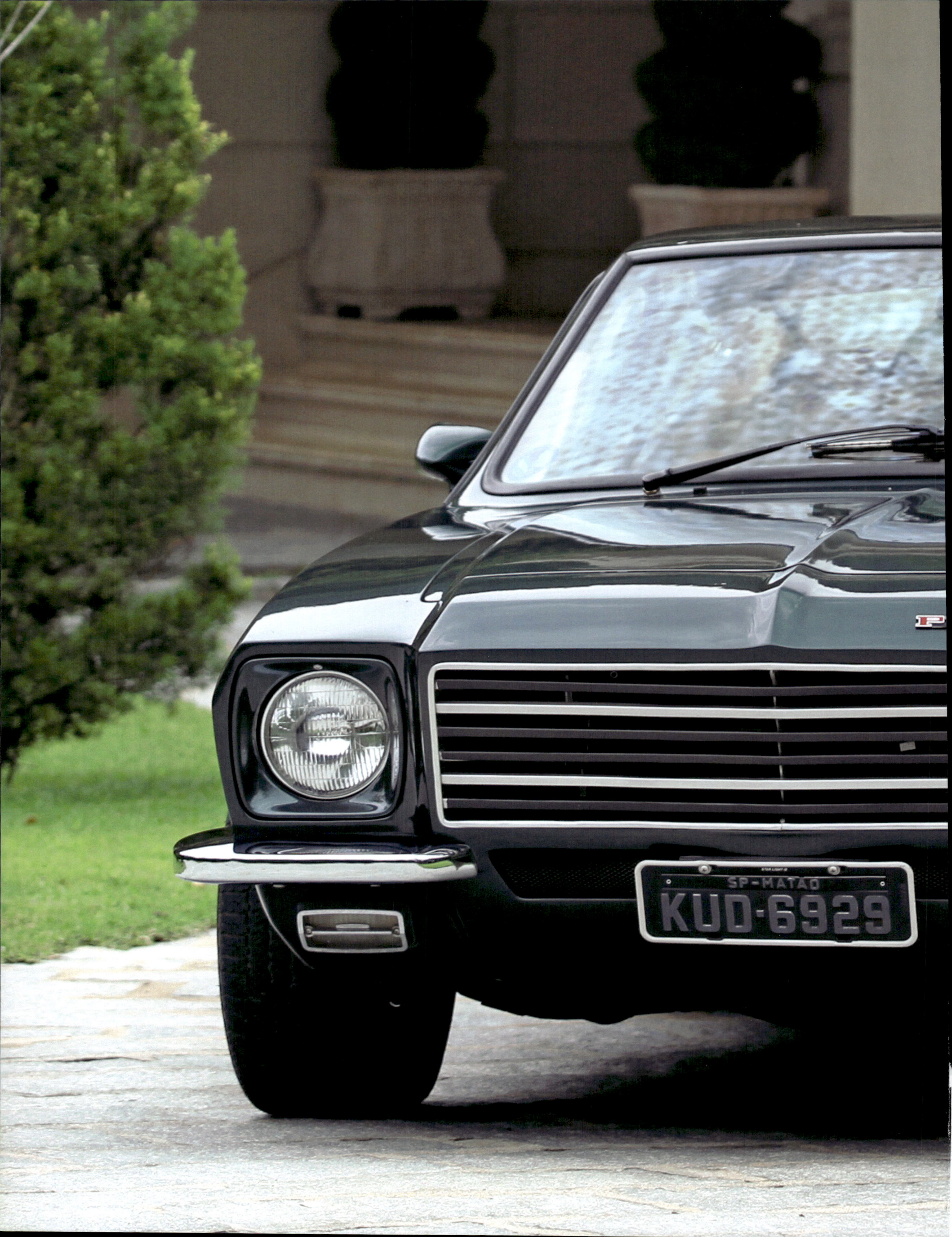
SP-MATAO
KUD-6929

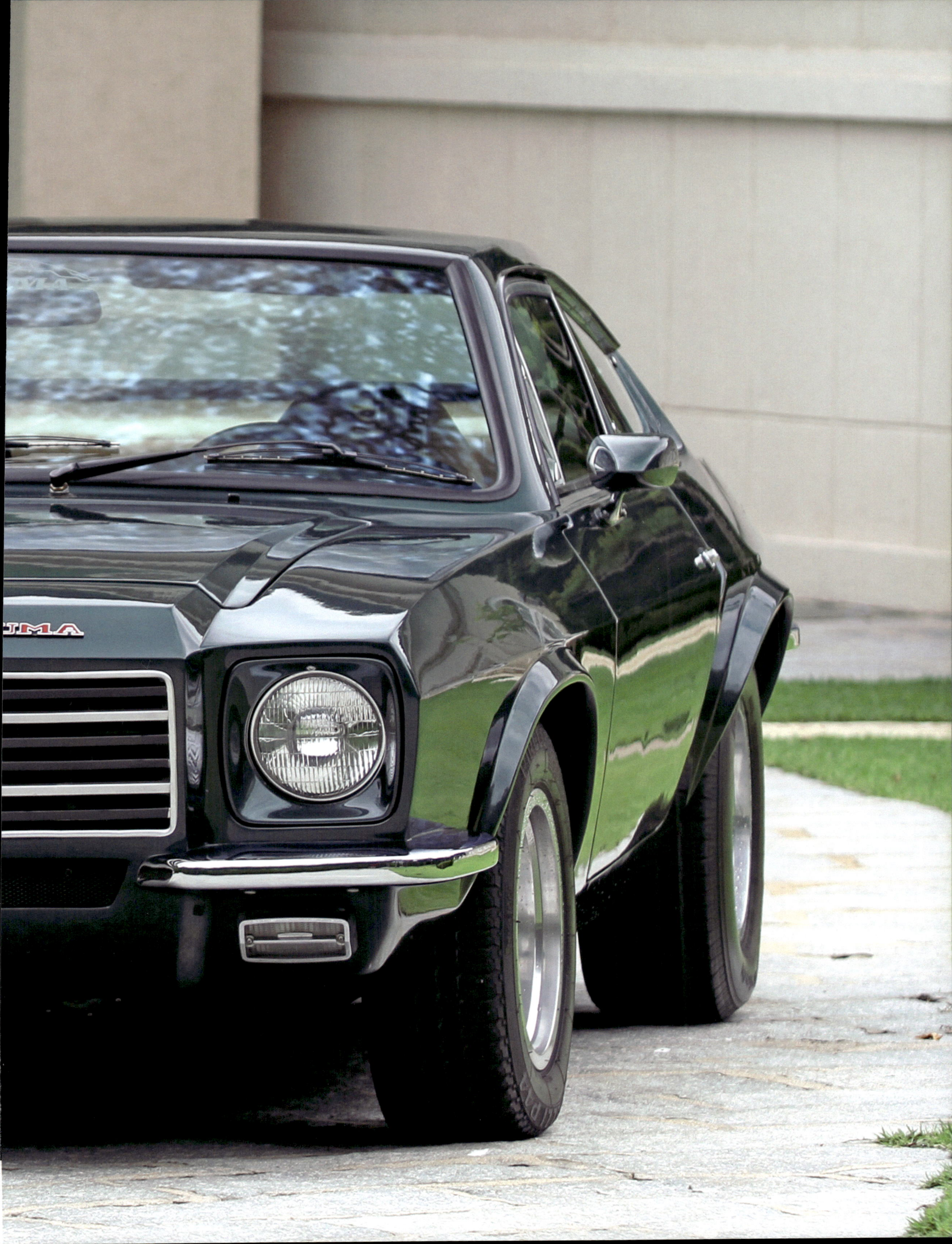

Além dos produtos da própria empresa, a Puma aproveitava suas instalações e expertise em fibra de vidro para atender a outras fabricantes. Em 1968, fabricou os primeiros buggies nacionais, desenhados por Anísio Campos, para a Kadron, tradicional fabricante de escapamentos. Também fez carrocerias para outro projeto de Anísio, o protótipo AC, um carro feito especificamente para corridas, com mecânica Volkswagen, e para pequenos caminhões, inicialmente por encomenda da distribuidora de gás de cozinha Heliogas, chegando a ter uma linha própria de veículos de carga.

Em 1974, a Puma desenvolveu um projeto de carro popular, o Mini-Puma. Segundo depoimento de Jorge Lettry, a ideia original era usar o motor da DAF, fabricante holandesa, posteriormente trocado por um de fabricação própria, inspirado no Volkswagen a ar, mas com dois cilindros e 800 cm³ de cilindrada. A iniciativa foi abandonada em troca da possibilidade de produzir o Cuore, da japonesa Daihatsu, mas esse projeto acabou não se concretizando.

A relação de Rino Malzoni com a empresa que surgiu de sua iniciativa teria tudo para ser duradoura e feliz. Infelizmente, exatamente no período em que a doença o afastou das atividades do dia a dia da Puma, a partir de 1973, ele foi, de certa forma, "descartado" pelos outros sócios. A desavença teve seu auge em 1974: enquanto Rino passava por uma delicada cirurgia cardíaca, internado no Hospital Beneficência Portuguesa, em São Paulo, a Puma Veículos e Motores foi dissolvida, e a partir dos seus ativos foi criada uma nova empresa, batizada

Abaixo: O Puma GTB manteve as linhas esportivas de seus antecessores e sua carroceria de fibra de vidro era montada sobre o chassi do Chevrolet Opala. Na página ao lado: Detalhe da traseira.

de Puma Industrial. Na nova empresa, Rino Malzoni figurava como acionista minoritário, com participação inferior à dos sócios Luiz Roberto Alves da Costa e Milton Masteguin.

Ainda se recuperando da cirurgia e extremamente magoado, Rino afastou-se da companhia ainda em 1974. Sua saída certamente pesou no destino da Puma, cujo produto principal era um carro lançado havia mais de seis anos. Sem apresentar uma alternativa mais moderna, a fábrica tentou manter o interesse dos compradores no Puma Volkswagen fazendo sucessivas alterações estéticas. Àquela altura havia várias outras fabricantes de carros fora de série em atuação, como Miura, Santa Matilde e Adamo, com produtos interessantes e mais novos. Após alguns anos enfrentando dificuldades, a Puma quebrou em 1980.

A Puma ainda teve uma sobrevida, após ter seu acervo adquirido, anos depois, pelo industrial paranaense Nívio de Lima, proprietário da Alfa Metais. Ele criou uma nova empresa e chegou a produzir o Puma Volkswagen com a designação AM3. Também relançou o Puma Chevrolet, com a sigla AMV. Mas a abertura das importações, em 1990, inviabilizou completamente a fabricação nacional de carros esporte em pequena escala, vitimando tanto a Alfa Metais como os outros produtores de carros concorrentes.

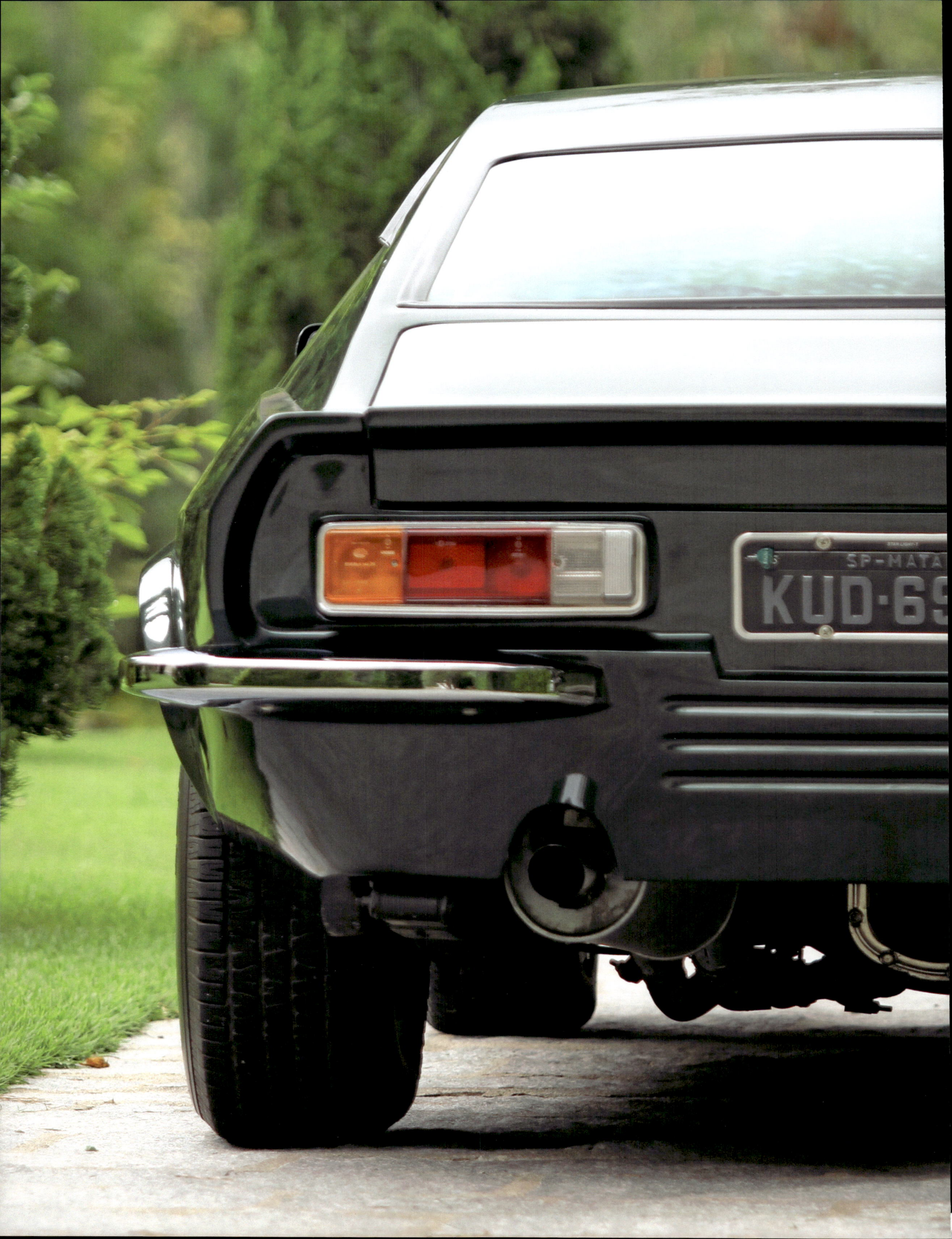
SP-MATA
KUD-6

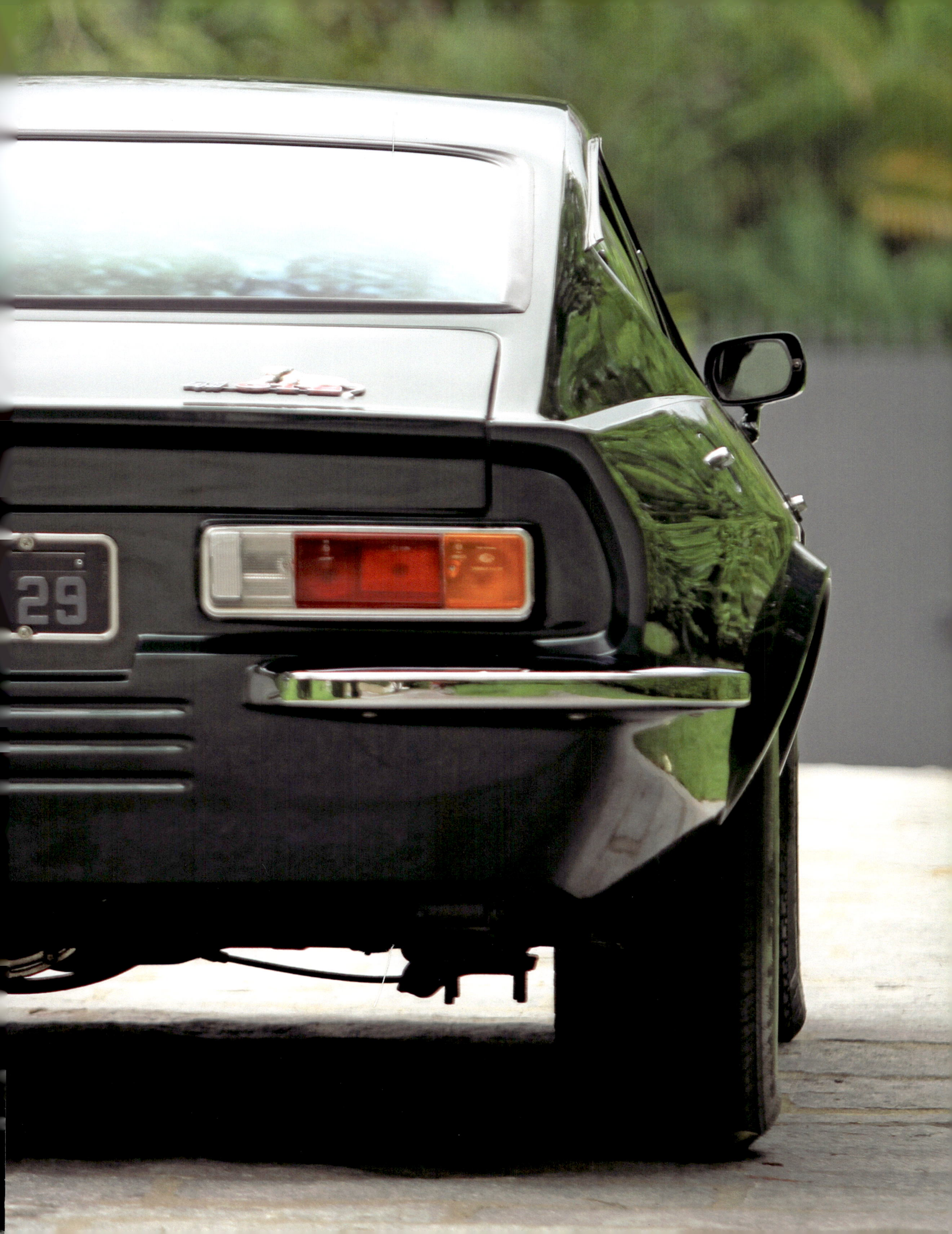
29

CAPÍTULO 7

O GT 4R

Para a maioria dos amantes de carros do Brasil, as criações de Rino Malzoni foram objeto de desejo. Mas um de seus carros estava destinado a se tornar uma aspiração ainda maior, algo que nem o dinheiro poderia comprar. Alguns anos depois da façanha do Carcará, ainda sob a direção de Bilyk, a revista *Quatro Rodas* decidiu encomendar à Puma a criação de um automóvel totalmente inédito, o GT 4R, para ser sorteado entre os seus leitores. O pedido foi de três unidades, e foi possível acompanhar passo a passo o projeto e a construção dos carros. Inicialmente, a ideia era que Anísio Campos desenhasse o veículo, para posterior execução – várias ilustrações chegaram a ser publicadas –, mas o prazo disponível era curto e o desenvolvimento acabou tomando outro curso. O GT 4R foi feito na oficina de Rino em Araraquara, a partir de um protótipo por ele desenhado.

As linhas do GT 4R eram semelhantes às do Puma, mas sua identidade era bastante diferente. Seu estilo mostrava influências dos modelos esportivos mais destacados da época, europeus (principalmente italianos) e americanos. Mais longo do que o Puma, o carro feito para a *Quatro Rodas* usava a plataforma do Volkswagen Sedan. Inicialmente, a ideia era dotá-lo de um motor Volkswagen com cilindrada aumentada para 1.800 cm³, o que garantiria um desempenho à

Nesta página e ao lado: As imagens mostram diversos detalhes do Puma GT 4R, versão criada para um sorteio da revista *Quatro Rodas*.

altura de sua aparência agressiva. Por prudência, entretanto, Jorge Lettry optou pelo motor de 1.600 cm³, com a performance incrementada por dois carburadores Solex 32/34 e comando de válvulas P2. Se o resultado, em termos de aceleração, não chegava a entusiasmar, o carro tinha como ponto alto a estabilidade, elogiada por todos os que tiveram a rara oportunidade de dirigi-lo.

Dezenas de milhares de cupons chegaram à redação da *Quatro Rodas*, mandados por leitores cujo sonho de possuir um carro exclusivíssimo era alimentado mês a mês pelas matérias que contavam seu desenvolvimento e construção. Os três carros entregues à revista, apesar de idênticos em forma e conteúdo, tinham cores diferentes. O primeiro a ser sorteado era cor de cobre; o segundo, azul metálico; e o terceiro, verde. Todos tinham interior luxuoso, com bancos esportivos revestidos de couro.

Os três exemplares originais do GT 4R ainda existem. No início de 2009, o de cor cobre estava nas mãos de um colecionador de São Paulo, o azul passava por restauração em Jundiaí (SP) e o verde já estava no acervo de Kiko Malzoni, em Petrópolis (RJ). Duas variações do modelo foram feitas na época, mas, para manter a exclusividade dos exemplares entregues à revista, não eram idênticas a eles. A maior diferença era a ausência das entradas de ar dianteiras e laterais, e o vidro traseiro, que é embutido nas colunas. Um deles serviu como carro de uso de Rino Malzoni, e o outro foi vendido a uma cliente que muito insistiu junto ao construtor, até conseguir realizar a compra.

Passados quarenta anos, as linhas do GT 4R não se tornaram ultrapassadas, apesar de serem testemunho da época em que ele foi concebido. O carro se mantém moderno e, por ser praticamente desconhecido do público em geral, chama atenção por onde quer que passe. Com toda a propriedade, é o que se pode chamar de um design clássico.

De todos os ângulos, o Puma GT 4R mostra suas influências europeias, especialmente italianas, combinadas de forma muito harmoniosa sobre a plataforma de um Volkswagen Sedan.

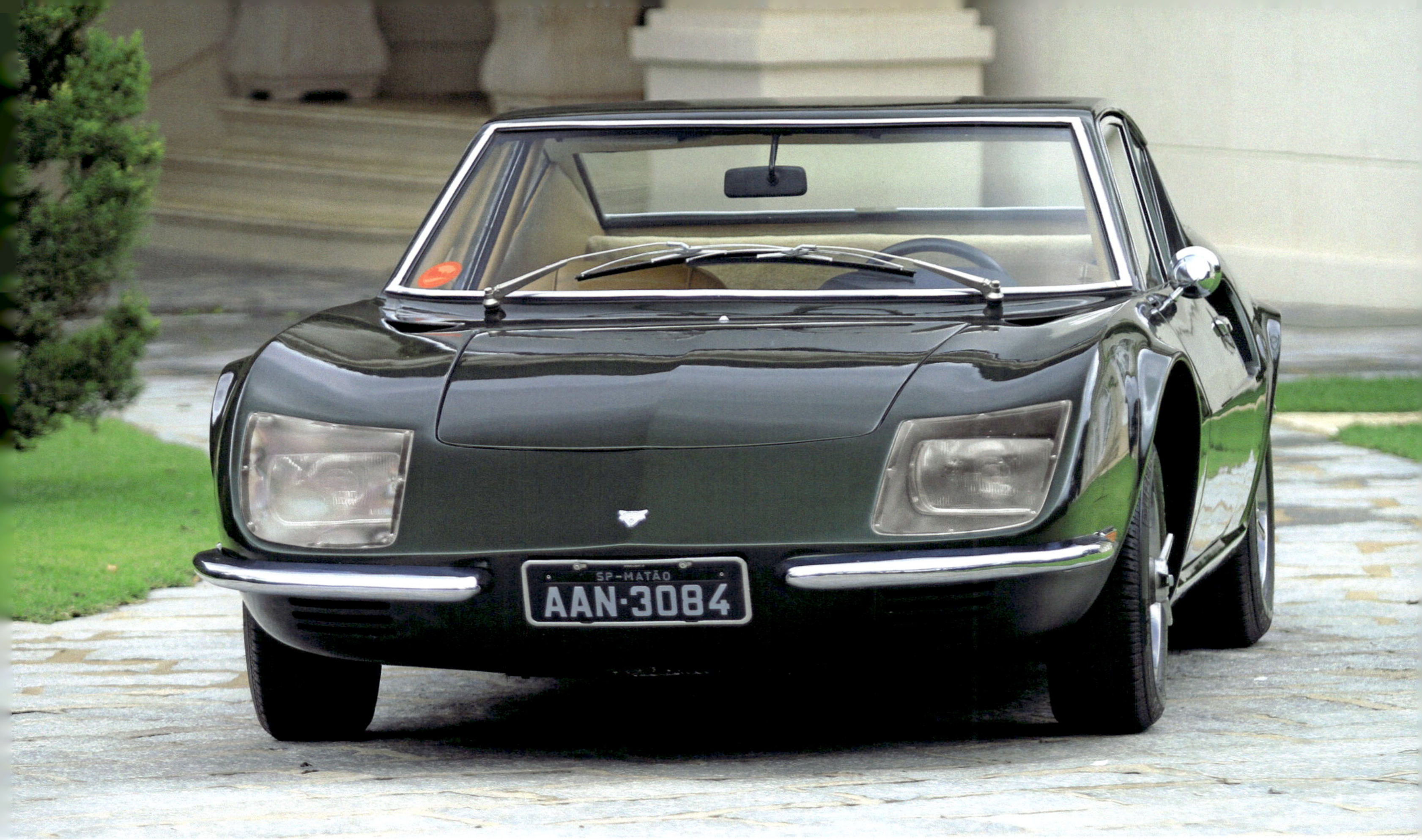
SP-MATÃO
AAN-3084

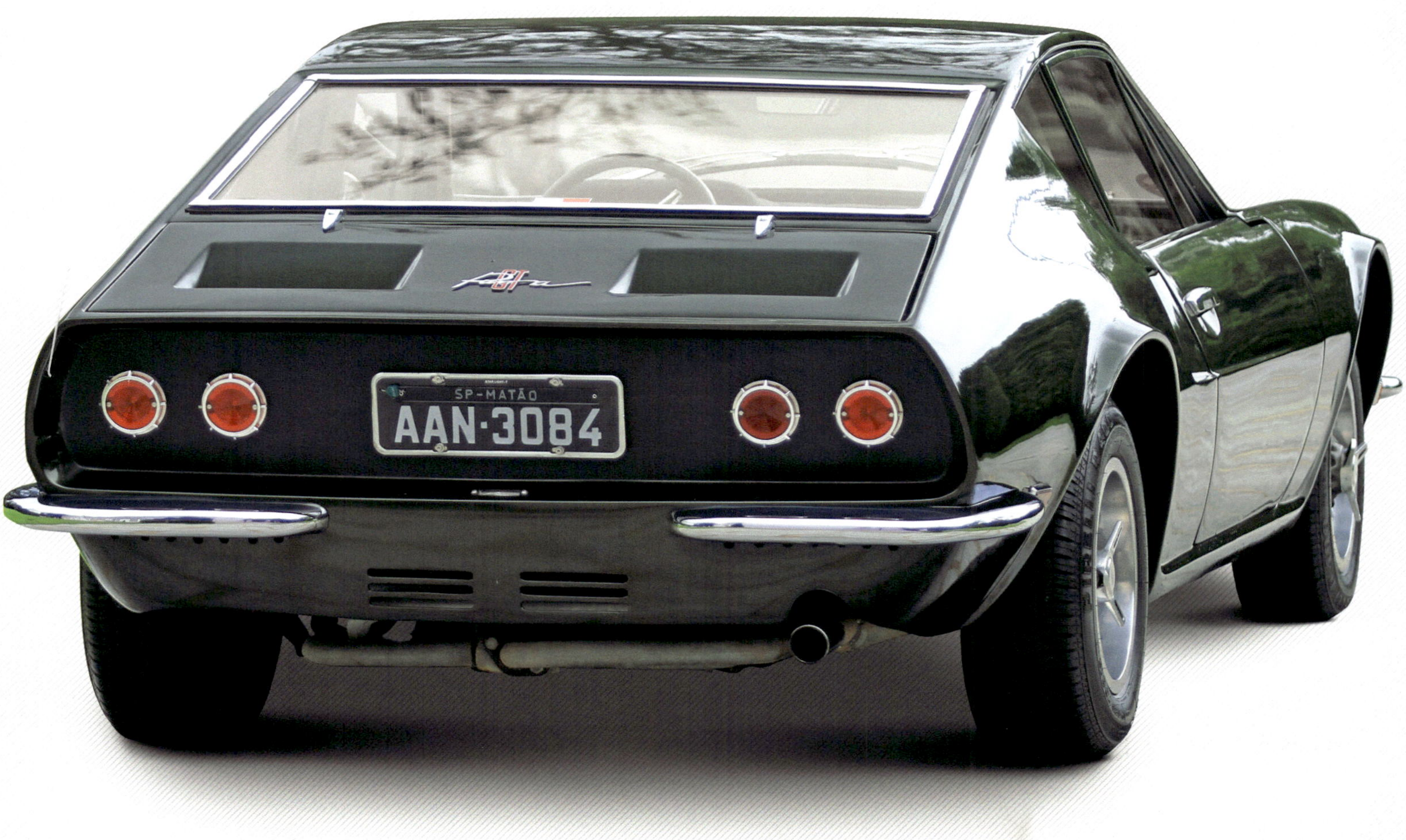
SP-MATÃO
AAN-3084

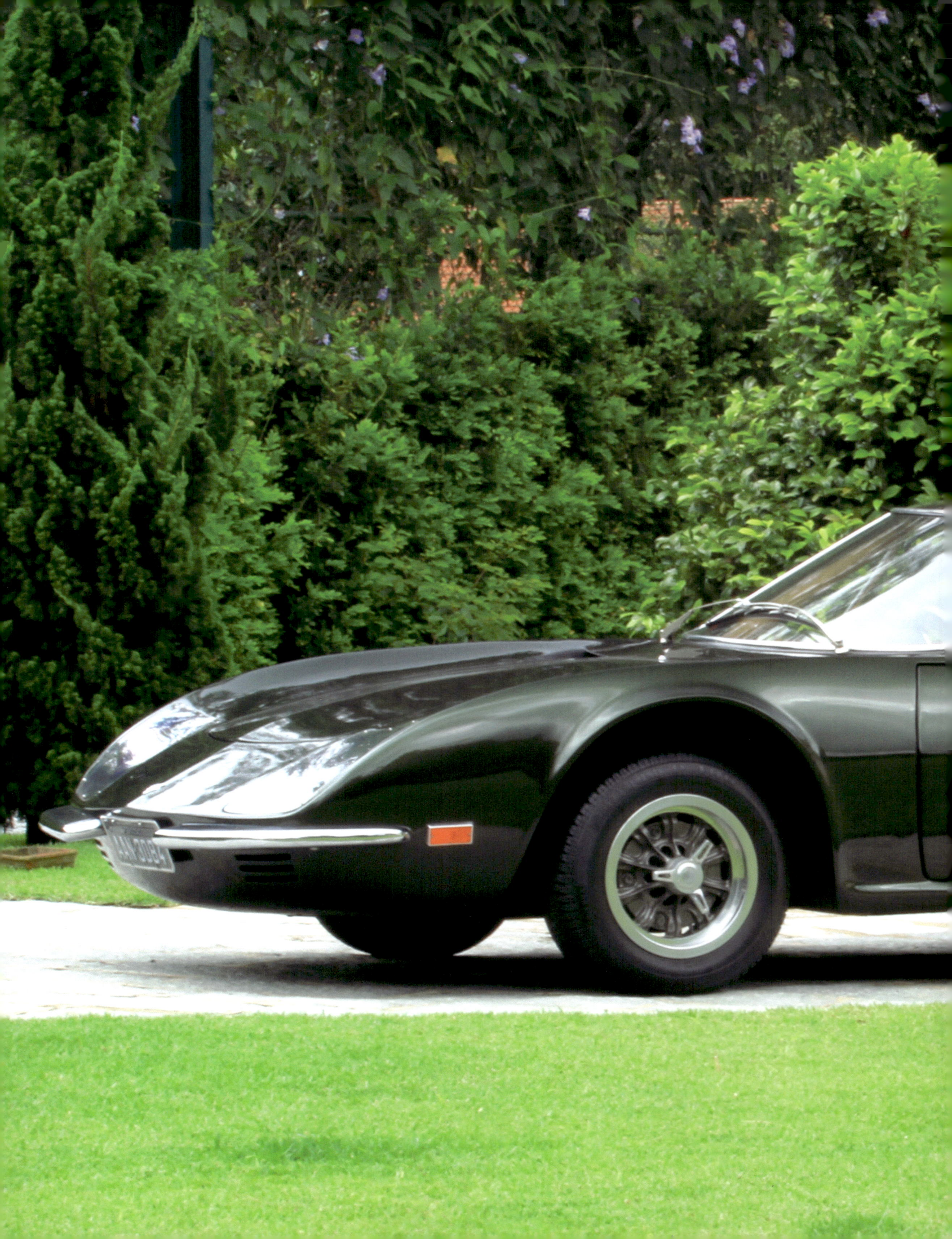

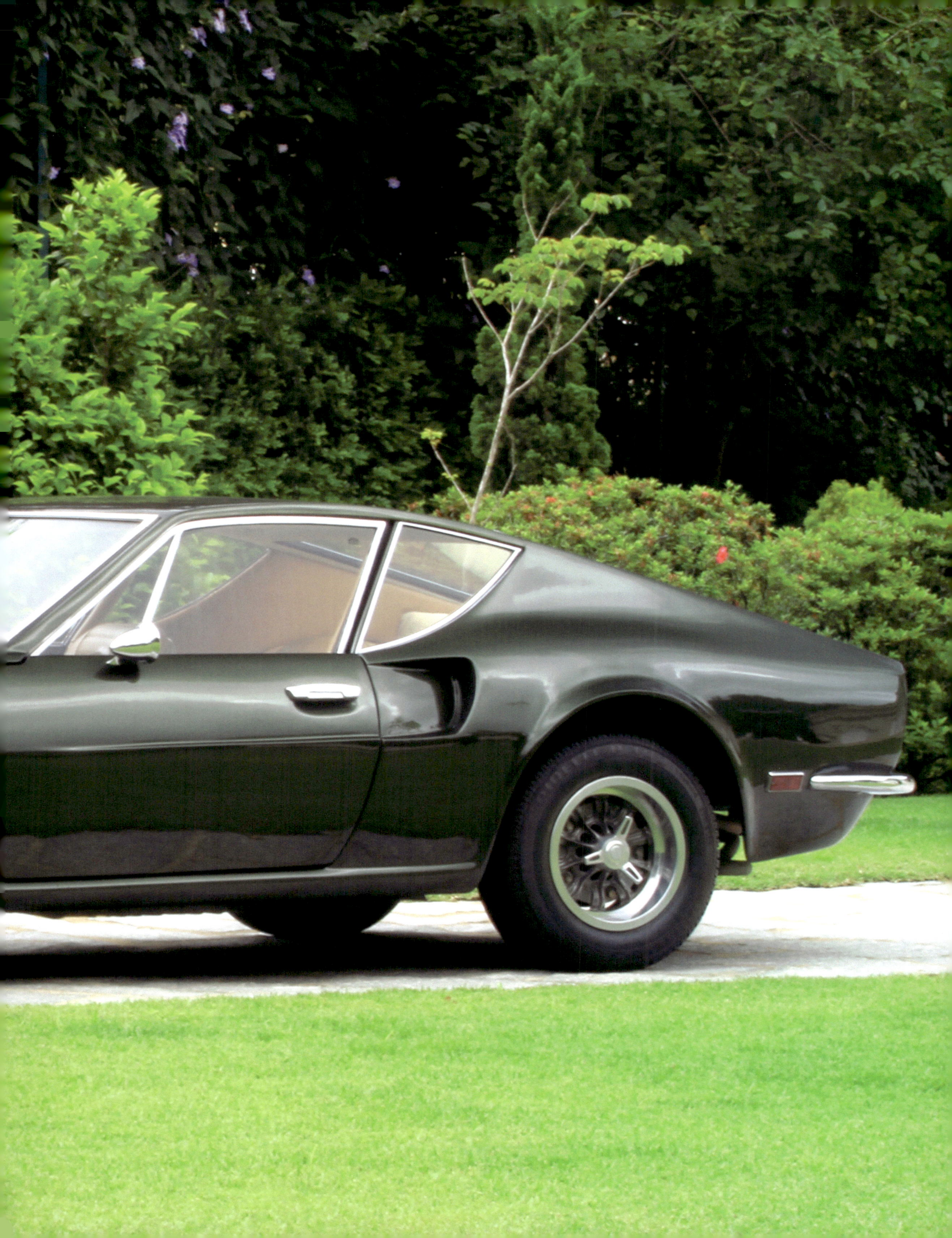

CAPÍTULO 8

ONÇA COM SANGUE ITALIANO

Bem menos conhecido que o GT 4R, o Onça foi um projeto desenvolvido por Rino Malzoni a pedido da FNM, Fábrica Nacional de Motores, que produzia no Brasil, sob licença, o Alfa Romeo 2000, um sedã esportivo lançado em 1960 com a marca JK, uma homenagem ao presidente Juscelino Kubitschek. É interessante notar que a iniciativa ocorreu antes do início da Puma. O luxuoso

Nesta página e ao lado: O raro Onça, desenvolvido e fabricado por Rino Malzoni a pedido da FNM. Embora tenha sido inspirado no Ford Mustang, o modelo manteve a identidade dos Alfas Romeo e seu emblema característico.

Alfa Romeo era o carro mais caro do mercado nacional e também o de melhor desempenho e concepção mais avançada, com motor com duplo comando de válvulas no cabeçote e câmbio de cinco marchas.

Um primeiro protótipo do Onça foi feito ainda naquele ano e chegou a ser exposto num evento no Rio de Janeiro, mas o resultado não agradou nem à fábrica nem ao construtor. A segunda e definitiva versão, a pedido da diretoria da FNM, foi abertamente inspirada no então recém-lançado Ford Mustang, um esportivo admirado por Rino, que chegou a possuir vários. A dianteira do Onça, porém, mantinha a identidade da Alfa Romeo, com o "Cuore sportivo" em destaque, no centro da grade, e barras horizontais entre os faróis.

Rino e sua equipe trabalham na levíssima carroceria do Onça na oficina localizada em Araraquara (SP).

O processo de fabricação era totalmente artesanal, executado na oficina de Araraquara. A FNM enviava para lá a plataforma do FNM 2000, que era encurtada em 22 cm antes de receber a carroceria de fibra de vidro e ser pintada. O carro era 29 cm menor que o sedã original e pesava 1.100 kg, bem menos que os 1.360 kg do carro de passeio. O acabamento final era feito na fábrica da FNM, em Duque de Caxias (RJ), com a instalação dos sistemas mecânico e elétrico, assim como o acabamento interior, feitos de forma individual, fora da linha de montagem.

Acima: Executado de forma realmente artesanal, o Onça foi montado sobre a plataforma do Alfa Romeo JK.
Abaixo: O molde do veículo.

Raros registros da equipe montada por Rino Malzoni para desenvolver e construir o Onça, orgulhosa do protótipo final. Acima, em pé, da esquerda para a direita: Chico Vaida, Sebastião, Alfredo "Alemão" e Pedro Molina.

Com a venda da FNM, a produção do Onça foi interrompida antes que fossem fabricadas sequer dez unidades. Uma delas encontra-se em exibição no Museu do Automóvel de Brasília.

O Onça usava a mesma base do TIMB (Turismo Internacional Modelo Brasil), modelo desenvolvido no Brasil a partir do FNM 2000 original. O motor tinha 115 cv, era alimentado por dois carburadores Weber de corpo duplo, e a alavanca do câmbio de cinco marchas (característica inédita no país na época) era posicionada no assoalho. O banco traseiro era pequeno, mas os dianteiros esbanjavam conforto, forrados em couro. Outro detalhe exclusivo era o volante esportivo, feito pela fábrica Walrod, um toque de requinte na ocasião.

A apresentação aconteceu no Salão do Automóvel, com grande destaque. Pintado de branco, o Onça foi posto num pedestal no centro do estande da FNM, ao lado de um legítimo felino empalhado, e disputou as atenções com uma série de grandes atrações, como o recém-chegado Ford Galaxie, o Uirapuru conversível, o Simca Esplanada e o Puma DKW. A produção, porém, não chegou a dez exemplares antes de ser interrompida, quando o governo decidiu vender a FNM. Não há registros precisos sobre o episódio, mas a informação mais confiável é a de que teriam sido entregues sete exemplares à fábrica e que uma oitava carroceria teria ficado em Matão, junto com os moldes. Um dos poucos exemplares remanescentes foi recuperado pelo jornalista e colecionador Roberto Nasser e se encontra hoje no Museu do Automóvel de Brasília, na capital federal. Outro exemplar faz parte de uma coleção particular em São Paulo, e um terceiro está em processo de restauração.

CAPÍTULO 9

O PASSAT MALZONI

Acompanhando a evolução da indústria nacional e, de certa forma, prevendo o fim do reinado dos motores Volkswagen refrigerados a ar, Rino criou mais um automóvel, o Passat Malzoni. Concebido entre 1977 e o início de 1978, o carro usava como base o modelo original, mas tinha a frente e a traseira bastante modificadas. Visto de perfil, à semelhança do Onça, lembrava o Mustang cupê. A quebra na linha do teto, que no Passat original descia gradualmente até o porta-malas, garantia a individualidade do desenho.

Em 1978, o teste realizado pela revista *Quatro Rodas* foi elogioso em relação ao comportamento nas curvas e à aerodinâmica do carro.

Na dianteira, Rino alongou o capô e conseguiu criar uma identidade própria para o veículo ao combinar a grade original, pintada de preto e tendo ao centro o seu logotipo, com os faróis e as lanternas do Dodge Polara. A tampa do motor era dividida por um friso cromado.

O capô, os para-lamas dianteiros e a tampa do porta-malas eram de fibra de vidro, para reduzir o peso. A alteração mais radical e difícil foi o recuo das portas para possibilitar o aumento da dianteira do carro. Por dentro, os bancos tinham desenho exclusivo. Com as alterações, o Passat perdia o espaço na parte de trás, transformando-se num 2+2, com um assento traseiro reduzido que só comportava crianças.

O GT Malzoni VW e dois modelos do Passat Malzoni, que mantinha algumas características do original. Partes da dianteira e da traseira foram feitas em fibra de vidro para reduzir o peso.

Do ponto de vista mecânico, o Passat Malzoni mantinha as características originais do motor e do câmbio, mas a suspensão foi rebaixada e recalibrada. Num teste com o protótipo, publicado em 1978 pela revista *Quatro Rodas*, o jornalista e piloto Charles Marzanasco Filho elogiou bastante o comportamento nas curvas, segundo ele mais neutro e dócil do que o do carro original. A matéria afirmava também que, embora ligeiramente mais pesado (36 kg), o modelo de Malzoni obtinha melhor desempenho graças à melhor aerodinâmica. Algumas modificações feitas após o teste, porém, tornaram o carro mais leve que o Passat original.

A ideia de Rino, àquela altura afastado da Puma havia vários anos, era produzir o modelo em escala pequena, apenas por encomenda, na oficina de Araraquara. As modificações seriam feitas em carros entregues a ele pelos proprietários. Com seu falecimento, em 1979, o projeto não foi adiante.

Davi contra Golias

Ao contrário do GT Malzoni, o Puma Volkswagen não foi criado como um carro para competições, e sim como um esportivo para uso no dia a dia. Mas as características do carro, como baixo peso, aerodinâmica e estabilidade, despertaram o interesse de vários pilotos, que com ele conquistaram bons resultados nas pistas.

O carro também foi bastante usado em ralis, nos quais a resistência da mecânica Volkswagen era um fator que se somava à velocidade. Nessa área, o feito mais importante conquistado pela Puma foi a vitória no épico Rally da Integração Nacional. Com um único carro, a marca se impôs diante da poderosa equipe Ford, que investiu num poderoso time com cinco automóveis e um milionário esquema de apoio, não hesitando em usar seu poder político para mudar as regras do jogo sempre que se sentia desfavorecida.

Mais uma vez, o protagonista da história foi Jan Balder, que pilotou o Puma vencedor, tendo como navegador Alfred Maslowski. Este é um resumo do relato que ele fez da prova em seu livro *Nos Bastidores do automobilismo brasileiro*.

DEPOIMENTO DE JAN BALDER

No início da década de 1970, havia poucos autódromos no Brasil, e as provas de velocidade eram escassas. Por isso, os ralis ganhavam muita força entre os pilotos desejosos de competir.

Uma das provas mais importantes realizadas na época foi o primeiro Rally da Integração Nacional, um percurso de quase 5.000 km por estradas asfaltadas entre Fortaleza, no Ceará, e a cidade de Chuí, ponto mais ao sul do país, na fronteira com o Uruguai. A promoção foi do Ministério dos Transportes, com apoio da Petrobras, e a intenção do governo era mostrar que o Brasil já era asfaltado de norte a sul.

O anúncio do rali agitou os pilotos e, junto com meu companheiro, Alfred Maslowski, decidi participar. A prova teria trechos de regularidade mesclados com outros de velocidade, e concluímos que o melhor carro para inscrever seria o Puma. Procuramos a fábrica e, garantido o carro, o mecânico Miguel Crispim cuidou da preparação: motor 1.600 com comando P2, dupla carburação e modificação leve para melhorar o fluxo dos cabeçotes.

O objetivo era ganhar performance sem comprometer a durabilidade. O câmbio era modificado, a Caixa 1 era da Puma, os pneus eram radiais, e a suspensão dianteira, regulável. Nossos instrumentos de navegação eram um Twinmaster, o Tripmaster e um cronômetro Heuer montados no centro do painel. Na frente do navegador havia uma calculadora centesimal Facit.

Jan Balder e o Puma vencedor do Rally da Integração Nacional.

Patrocínio? Nenhum, fora o apoio da Jolly, que nos cedeu um jogo de pneus Pirelli italianos para as provas de velocidade. Decidimos dividir as despesas. O esquema de apoio era minha perua Variant, que levava algumas peças e pneus sobressalentes. Norman Casari nos conseguiu um ônibus, da equipe Brahma, pela qual eu corria em provas de velocidade. Fomos para Fortaleza rodando no próprio Puma. Na chegada, ficamos sabendo que a Ford havia decidido entrar na disputa com cinco carros modelo Corcel, com ótimos pilotos e navegadores, coordenados pelo experiente Luiz Greco. Claramente, eram os favoritos.

A largada simbólica foi uma grande festa no Autódromo de Fortaleza, recém-inaugurado. A primeira etapa foi um tiro só, até Salvador, a maior parte durante a noite. Médias tranquilas, mas a neblina criou situações de perigo: o piloto Danilo Zaffari, de Porto Alegre, capotou seu Dodge Dart e faleceu.

No trecho seguinte, novo susto: para desespero da equipe Ford, Tite Catapani capotou seu Corcel, caindo de um barranco. O carro sumiu e foi localizado pelo avião que apoiava o time. Tite precisou ser operado em Governador Valadares, para retirar o baço, e seu navegador, Artur Mondim, ficou em observação por ter batido a cabeça.

Em um clima tenso, chegamos à serra de Itaipava, local do primeiro trecho de velocidade. Crispim nos esperava com minha Variant, para nos acompanhar no restante do trajeto, pronto com os pneus italianos para o prime. Ali eu estava à vontade, pois na ida havíamos feito um reconhecimento da estrada. Isso, e a ajuda do Renato "Peixotinho", que morava em Petrópolis, ajudou bastante, pois largamos sob muita neblina. Mesmo assim, fizemos o melhor tempo na geral, mais de um minuto à frente do melhor carro da Ford, pilotado por Paulo Martinel.

Mudam as regras

O regulamento previa que, para cada quinze segundos de atraso em relação ao primeiro colocado na categoria, o carro perderia um ponto. E o resultado foi muito ruim para a equipe Ford, pois estávamos todos na mesma classe, até 1,6 litro. Nas outras categorias, a diferença havia sido menor. Não demorou para o time da fábrica aplicar toda a sua força política sobre os cartolas da federação, que decidiram mudar o regulamento em plena competição.

Não bastasse isso, cancelaram o primeiro prime, alegando falta de segurança e que alguns carros haviam usado pneus especiais – uma indireta para nós. O evento passou a contar com uma dificuldade não prevista: a política e a clara tentativa de garantir a vitória no "tapetão". A equipe Ford descobrira que éramos adversários sérios e, acima de tudo, tínhamos acertado na escolha do Puma – o único inscrito na prova.

Com o ambiente fervendo, partimos com destino a Curitiba, com uma passagem pelo Autódromo de Interlagos, em São Paulo, onde cada carro faria duas voltas na pista, no sentido contrário ao normalmente utilizado. Percorrida ao contrário, a pista assustava muito na descida, para frear na curva da Junção e na aproximação da curva do Lago. Foi uma boa jogada dos organizadores, para evitar a vantagem dos pilotos locais.

Novamente fomos os mais rápidos e seguimos para o início da BR-116, onde havia outro posto de controle. Lá nos esperava o Milton Masteguin, diretor da Puma, que nos havia cedido o carro. Emocionado, ele abriu a porta do carro, me segurou pelo braço e disse: "Papa-Omelete, capricha! Temos que ganhar na pista". Naquele momento, entendi que a pressão da Ford era muito maior do que eu imaginava.

Naquela altura havia sete carros na liderança, sem pontos perdidos, que largavam na frente. Éramos os últimos do grupo, e, na nossa cola, com um ponto perdido, estava o primeiro carro da Ford, com o próprio Luiz Greco ao volante. Por precaução, pedi ao Crispim para seguir com o carro de apoio, entre nós e o Corcel. Todos foram bem comportados e nada de errado aconteceu. Porém, os bastidores ferviam.

Chegando a Curitiba, fomos para um hotel bem simples. No café da manhã, o Crispim e o Maslowski vieram com esta: "Você sabe que, se a gente ganhar, não vai levar?" "Vocês estão loucos!", respondi. Peguei o telefone e falei com o Milton Masteguin, pedindo que acionasse o Robertão (Luiz Roberto Alves da Costa), outro diretor da Puma, que tinha muita influência política. Disse a ele que dois terços do nosso time estavam com astral baixo e pedi que entrasse em contato com o senhor Carlo Bernardini, meu chefe na Pirelli, que era muito influente no meio automobilístico.

Milton me tranquilizou e fomos para o circuito de Curitiba. Usamos pneus normais, para evitar polêmica. Não havia necessidade de troca em razão da boa vantagem que tínhamos garantido em Interlagos. Precisávamos apenas levar o carro na ponta dos dedos.

Nosso único receio eram os semieixos, que, com as rodas cambadas negativamente, eram sobrecarregados em sua união com o câmbio. Fizemos o melhor tempo no prime, mas uma das flanges do escape furou perto da saída do cabeçote e era necessário soldá-lo para não queimar a válvula. Pedi para ser liberado do desfile dos carros em Curitiba para fazer o conserto e fui atendido. Por garantia, formalizei o pedido por escrito.

Nosso gentil amigo Zeca Mello, primo do Maurício Gugelmin, preparou a oficina e deixou tudo pronto. O Miguel Crispim consertou o problema com um ponto de solda elétrica.

O espírito de colaboração dos amigos foi um ponto alto para nós desde o primeiro pit stop, na Bahia, quando a Kombi do piloto local, Lulu "Geladeira", foi nos apanhar no parque fechado. No Rio, foi a turma da equipe Brahma, e em São Paulo e no neutralizado em Curitiba, a turma do Zeca Mello. Chegamos a ir de ônibus do parque fechado até o hotel, enquanto a equipe da Ford era levada de Galaxie, com motoristas.

Sempre acreditei que nunca se entra numa prova com a ideia de que não é possível ganhar. No Autódromo de Curitiba, na hora da prova de velocidade, senti que os nossos apoios políticos tinham funcionado. Quando fui falar com nosso amigo Paulinho Martinelli, um dos pilotos da Ford, ele respondeu: "Desculpe, Jan. Meu chefe proibiu a gente de falar com vocês". Perguntei por quê e ele respondeu: "Não sei".

Tive certeza de que o pessoal de base de São Paulo tinha agido nos bastidores e falei para meus companheiros: "Viramos o jogo".

Jogo sujo

A penúltima etapa, entre Curitiba e Porto Alegre, era minha rota caseira, de tantas viagens que havia feito para ver a outra parte de minha família (minha mulher é porto-alegrense). Na chegada, meu cunhado, Henrique Iwers, e seus mecânicos estavam à nossa espera.

Em Porto Alegre, mais uma vez o regulamento mudou, perto do fim da competição. Na tentativa de desempatar os sete carros que estavam zerados na prova de regularidade, os organizadores introduziram postos de controle secretos. O empate nos favorecia pelos melhores tempos nos primes. Na última etapa, de Porto Alegre ao Chuí, o Alfred Maslowski teria mais trabalho. Nossa estratégia era checar de minuto em minuto.

Na longa reta até Pelotas, senti vontade de urinar, mas não podia parar. Fiz ali mesmo, no assoalho do carro. Quando chegamos ao posto Petrobras, em Pelotas, joguei um balde inteiro com água e sabão dentro do Puma. Fazia muito frio e, com a umidade, foi duro manter o pé firme no acelerador.

O trecho neutralizado pelo centro de Pelotas era longo e, pelo regulamento, não havia controle de tempo nem de rota. Pegamos um atalho de terra que eu conhecia para chegar à grande ponte sobre o rio Pelotas, onde começava o novo trecho de média de velocidade.

Chegamos adiantados e, enquanto aguardávamos a hora de sair, acertei manualmente o Twinmaster para somar a distância não percorrida. Agora, era Alfred que precisava urinar e ele demorou tanto que atrasamos nossa largada. Saímos atrás do carro do Greco, quando deveríamos estar um minuto à frente dele. Enfiei o pé no acelerador e levamos 9 km para entrar na média. Na ultrapassagem do Greco, pisquei os faróis para ele abrir, pois vinha um carro em sentido contrário. Ele gentilmente foi para o acostamento, numa atitude correta.

Como o regulamento estipulava que nos primeiros 10 km de cada trecho não haveria fiscais, eu estava na dúvida se teria dado ou não para entrar na média. Quando chegamos ao Chuí, ficamos sabendo que o fiscal estava no km 10.

Na última etapa, dois favoritos gaúchos abandonaram a prova: o Volkswagen de Erich Pudler e Peter Kunst, que passou mal, e o Dodge Dart de Carlos Weck e Jorge Ullman, que teve um problema na bomba de combustível causado por gasolina "batizada" no reabastecimento em Pelotas.

O trecho final, retornando de Chuí para Porto Alegre, era apenas para cumprir a rota e levar o carro até o parque fechado. Naquela noite, não dormi, preocupado. Nos primes, tínhamos a certeza do melhor tempo. Meu cunhado, Henrique, foi atrás dos amigos para saber se já havia algum resultado e retornou de madrugada, com a notícia de que havíamos vencido. Pulamos de alegria e comemoramos ao luar. Telefonamos para os amigos na mesma hora, acordando muitos deles.

Na manhã seguinte, o Robertão, da Puma, desembarcou em Porto Alegre, pronto a nos defender de eventuais protestos da equipe Ford. Corriam boatos de que havia uma foto do Alfred urinando na beira da estrada, e perderíamos um ponto por isso. Robertão, sério, afirmava que era uma montagem.

Jamais imaginei que a guerra de bastidores chegasse a tal ponto. Diziam que a Ford queria o resultado para anunciar o lançamento de um novo caminhão, que se chamaria Integração Nacional, e que o material de divulgação já estaria impresso, na agência de propaganda.

Para garantir, fomos à entrega dos prêmios, no Círculo Militar de Porto Alegre, escoltados pelo Luiz Roberto, que ficou ao lado dos ministros Mário Andreazza e Jarbas Passarinho, representantes do governo. Ganhamos bonitos troféus, 110 mil em dinheiro da época e um Karmann-Ghia TC, oferecido pela Volkswagen, que valia uns 25 mil. Dividimos tudo com a equipe. O Crispim e os mecânicos levaram, cada um, um percentual, e o saldo ficou para o Alfred e para mim. Outro prêmio foi o convite da companhia aérea portuguesa TAP para a Puma participar do rali promovido por ela em Portugal.

O Puma, os troféus e os pilotos ao término da corrida.

O retorno de mídia foi ótimo, embora a Puma estivesse sem fôlego financeiro para divulgar a vitória. A Ford, que terminou com três carros do segundo ao quarto lugar, usou amplamente a vitória na classe Turismo e, até hoje, há quem ache que eles venceram o rali. Acabou tudo em paz.

CAPÍTULO 10

A VOLTA DO GT MALZONI

Fora da Puma a partir de 1974, e provavelmente com certa dose de surpresa, Rino Malzoni acabou vendo seu sobrenome batizar mais um carro. O novo GT Malzoni foi construído pelo filho, Kiko.

Segundo Kiko, durante uma conversa com um amigo, num restaurante do bairro carioca do Leblon, este lhe perguntou se conseguiria fazer um carro. Ele indagou sobre o porquê da pergunta, e o amigo lhe explicou que já estava cansado de andar de Puma. Ele achava que o mesmo devia acontecer com Kiko: já tivera vários, mas o carro pouco evoluíra com o passar do tempo. Mesmo com as alterações realizadas nos Pumas originais, ambos estavam insatisfeitos.

Embora na época as importações de carros não estivessem proibidas, o que só aconteceria em 1976, eram inviabilizadas na prática por um complicado processo burocrático, criado intencionalmente para dificultar a entrada de automóveis feitos em outros países. Isso "condenava" os jovens da época, mesmo os que desfrutavam de boas condições financeiras, a andar de Puma, uma das poucas opções para quem não queria se limitar aos carros de série então disponíveis.

A ideia estava lançada. Kiko concluiu que poderia fazer um automóvel diferente ao usar a mecânica Volkswagen, a mais fácil de se obter na época. No dia seguinte, telefonou para o pai, que estava em Araraquara, e lhe comunicou que estava pensando em fazer um carro. Kiko achava que levaria uma bronca, mas, para sua surpresa, a reação de Rino foi extremamente positiva.

Com apenas 20 anos, recém-saído da adolescência, Kiko acompanhara o tumultuado processo que levou à saída de seu pai da Puma, exatamente na mesma época em que este também sofria uma gradual deterioração de sua saúde. Apesar de ter presenciado ainda menino o desenvolvimento dos vários projetos do pai, a decisão de seguir seus passos ao criar um automóvel não deixou de ser uma surpresa.

Durante a conversa, Rino perguntou ao filho como pensava fazer o carro. Kiko perguntou se ele ainda conservava os moldes do GT 4R e pediu que os enviasse para o Rio de Janeiro para servirem de base ao projeto. Foi a partir deles que o novo GT Malzoni foi desenvolvido, o que poupou Kiko Malzoni da demorada etapa inicial de montar uma estrutura de arame e fazer à mão uma carroceria inicial de chapa batida.

Para construir o carro, Kiko contou com a ajuda de Antônio Pereira, dono da Polyglass, empresa carioca que fabricava o buggy Woody, que vendia bastante naquela época. Os moldes do GT 4R logo chegaram, e a primeira carroceria foi laminada. O carro tinha distância entre-eixos 10 cm maior que a do Puma, visando proporcionar mais conforto aos ocupantes. O chassi usado pelo GT 4R era o do Fusca, e, embora tenha pensado em utilizar o da Brasília, mais moderno, Kiko acabou mantendo essa configuração. Como a ideia era fazer apenas um ou dois carros, o esforço necessário para fazer modificações não valeria a pena.

Com o carro praticamente pronto, Rino foi ao Rio e surpreendeu-se com o que viu. O novo Malzoni era bonito e moderno, sendo também o primeiro veículo nacional a ter faróis escamoteáveis, com requintes de luxo como o acionamento elétrico dos vidros.

O novo GT Malzoni, fabricado a partir dos moldes do Puma GT 4R, deu continuidade ao legado de Rino Malzoni a partir da iniciativa de seu filho, Kiko.

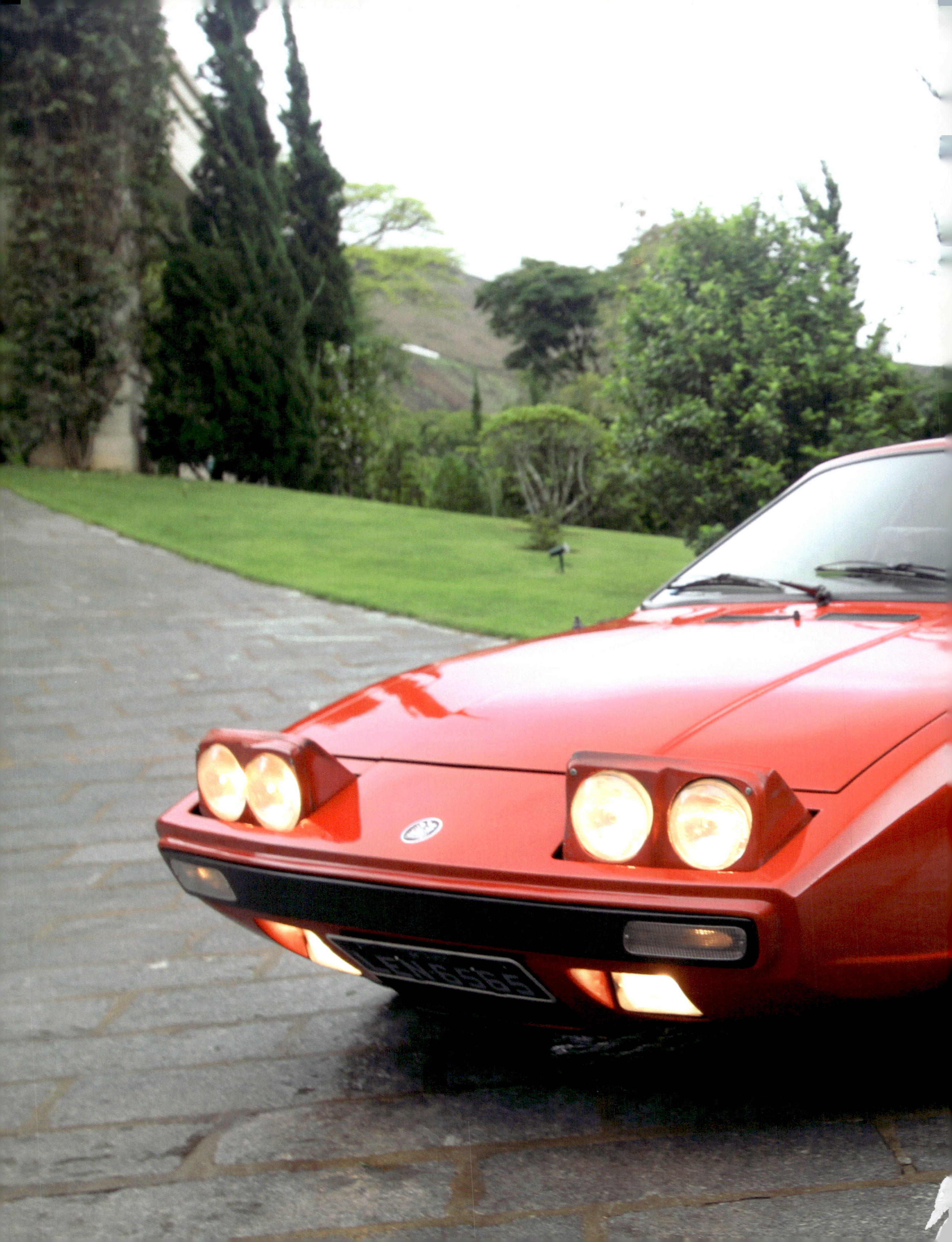

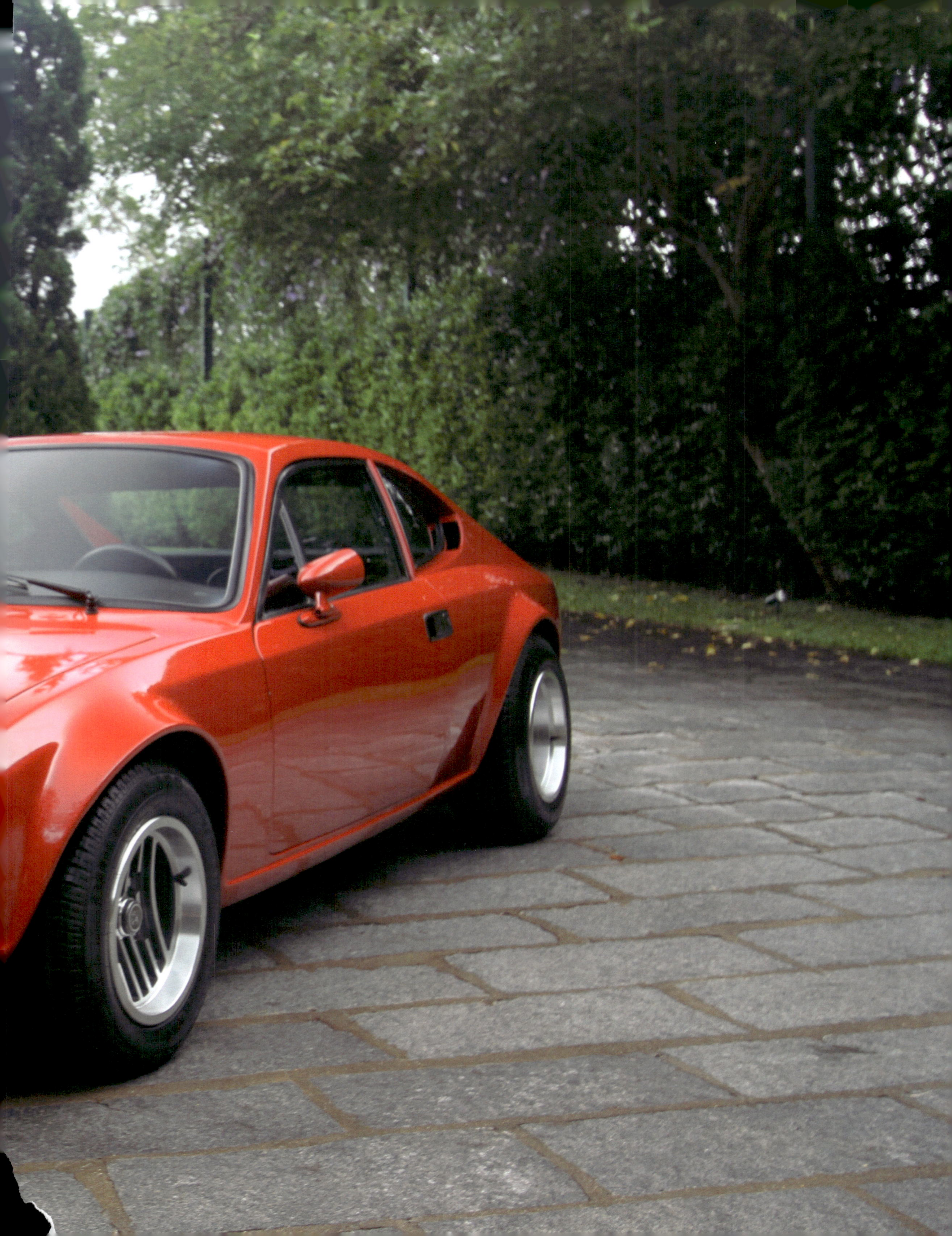

Entusiasmado, sugeriu que o filho expusesse o carro no Salão do Automóvel, no final de 1976. A ideia de Kiko não era fabricá-lo em série, mas fazer apenas alguns exemplares para uso próprio e eventualmente vender a alguns amigos. Mesmo assim, acabou aceitando a sugestão e o carro foi para a mostra paulista.

Para surpresa do jovem, imediatamente começaram a surgir interessados em comprar o novo Malzoni. Era muita gente, e ele não sabia como reagir aos pedidos. Acabou indo ao estande do Bianco GT, que também fazia grande sucesso, e perguntou como ele era comercializado. A Bianco estava aceitando reservas mediante o adiantamento de 10 mil cruzeiros, pouco menos que um décimo do preço do carro, que custava mais de 100 mil cruzeiros.

De volta ao seu estande, Kiko concluiu que dizer aos interessados que o carro não estava à venda não seria bom e, para desencorajar os interessados, fixou o preço em mais de 200 mil cruzeiros, dizendo que aceitaria pedidos mediante o adiantamento de 50 mil. A tática de esfriar o interesse não teve sucesso; ao final do salão, ele tinha nas mãos nada menos que 25 encomendas.

No Salão do Automóvel de São Paulo, em 1976, o novo GT Malzoni recebeu grande destaque.

Na visita do então presidente Ernesto Geisel (de óculos) ao Salão do Automóvel, Kiko Malzoni (de barba) apresenta sua mais nova criação.

O GT Malzoni atraiu os olhares do público e da imprensa na mostra de 1976.

Era uma situação inesperada, que deixou Rino bastante preocupado. Apesar dos prazos de entrega previstos serem muito grandes, Kiko precisava montar com urgência uma estrutura de produção e criar uma fábrica. Até aquele momento, não estava preparado para atender aos pedidos já feitos. Durante o salão ele recebera a visita de Jorge Lettry, que havia montado uma firma especializada em laminação de fibra de vidro e acertou com o amigo do pai a fabricação das carrocerias. Também colaborariam na fabricação do carro o preparador Miguel Crispim e o piloto Francisco (Chiquinho) Lameirão, que instalariam as ferragens das carrocerias e executariam o encurtamento dos chassis.

A etapa seguinte foi conseguir o fornecimento dos chassis pela Volkswagen. Ao contrário do que ocorrera no início da Puma, a fabricante não impôs dificuldades, e, numa reunião com menos de quarenta minutos de duração, todos os detalhes foram acertados. As primeiras unidades foram feitas na empresa de Lettry, que acabou fechando posteriormente, o que acabou levando Kiko a transferir a produção para Araraquara.

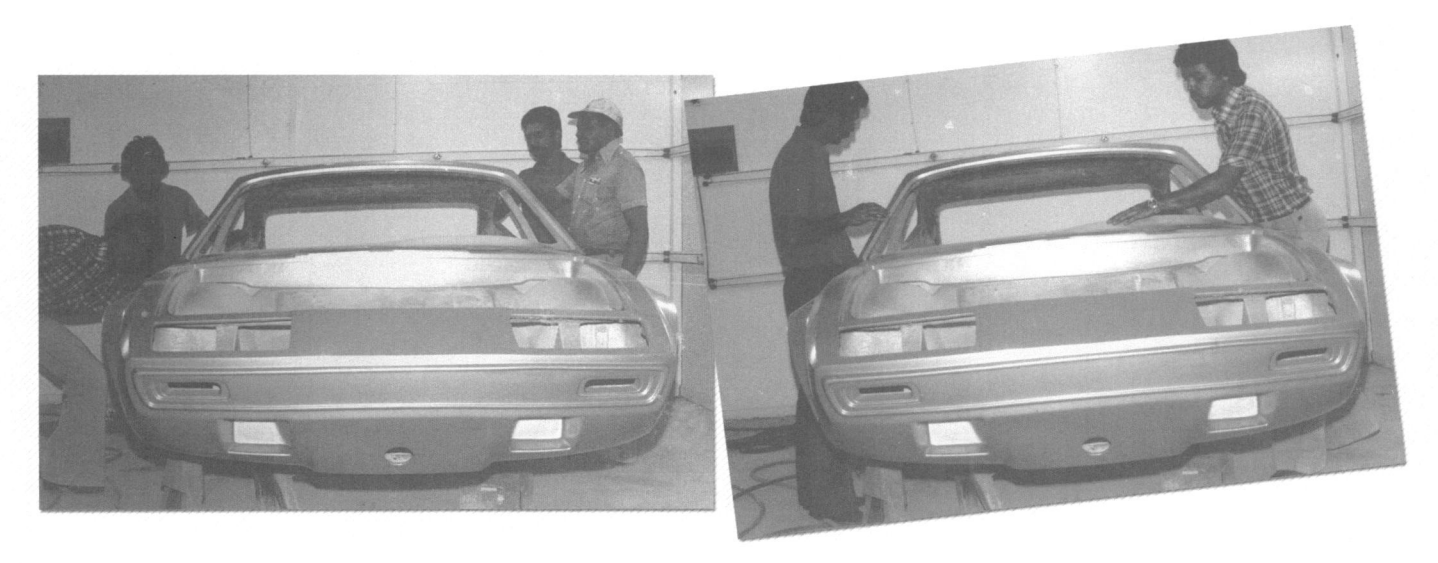

Na linha de montagem do novo GT Malzoni, é possível ver o responsável José Artimonte (acima à direita, o segundo à direita).

O novo carro foi chamado apenas de GT Malzoni, o mesmo nome do primeiro carro feito por Rino com mecânica DKW. Era uma marca forte e, ao mesmo tempo, uma forma de homenagem. O motor era o Volkswagen 1.600 cm³, refrigerado a ar, mas mais da metade dos compradores optaram por modificações que incluíam o aumento da cilindrada para até 2 litros, mudanças na carburação e no comando de válvulas e adoção de virabrequim roletado, de alta resistência. Os carros eram preparados na própria fábrica, com radiador de óleo na dianteira como item de série, e as alterações mecânicas eram feitas pelos melhores preparadores da divisão 3 da época.

Mesmo depois do salão, o carro continuava fazendo sucesso. Kiko fez um acordo com o piloto Carol Figueiredo, da extinta equipe Willys, que era gerente de vendas da Dacon, concessionária Volkswagen e importadora de várias marcas conceituadas, como a Porsche, para que o GT Malzoni fosse um dos destaques do salão da empresa.

Enquanto tudo ia acontecendo, Kiko atendeu a um amigo, José Marques, dono de uma fazenda em Matão, e permitiu que ele furasse a fila de espera e tivesse acesso imediato ao carro. Numa ida a São Paulo, o comprador ficou impressionado com o interesse despertado pelo modelo, que chegava a ser comercializado com ágio, e indagou se Kiko não queria vender a fábrica ou, pelo menos, tê-lo como sócio. A proposta foi inesperada – Kiko, com apenas 21 anos, nunca havia pensado em ter um sócio, mas estava sobrecarregado com o trabalho exigido pela fábrica e não tinha interesse em mantê-la.

A negociação teve um "padrinho", José Artimonte, primo-irmão de Kiko, que trabalhava com ele e também era amigo de Marques. "Respondi a ele que iria tentar calcular um preço, levando em conta o estoque, as instalações e quanto o negócio poderia render. Eu tinha um número na cabeça, mas ele acabou me fazendo uma proposta irrecusável, mais do que eu imaginava que a empresa valia", conta. Kiko conversou com o pai, a quem devia uma boa quantia, emprestada para a instalação da firma, e Rino não se opôs à venda.

Com chassis e motor Volkswagen e carroceria de fibra de vidro, o novo GT Malzoni era comercializado apenas por encomenda e mediante o pagamento adiantado de pelo menos um quarto do valor final.

O negócio foi fechado e o novo proprietário transferiu a produção para Matão, onde foram feitos cerca de dez exemplares. Infelizmente, pouco tempo depois, José Marques faleceu num acidente automobilístico (o carro não era um Malzoni, felizmente), e apesar de Luiz Marques, irmão do falecido empresário, ter tentado continuar com a fabricação do carro, a produção foi interrompida.

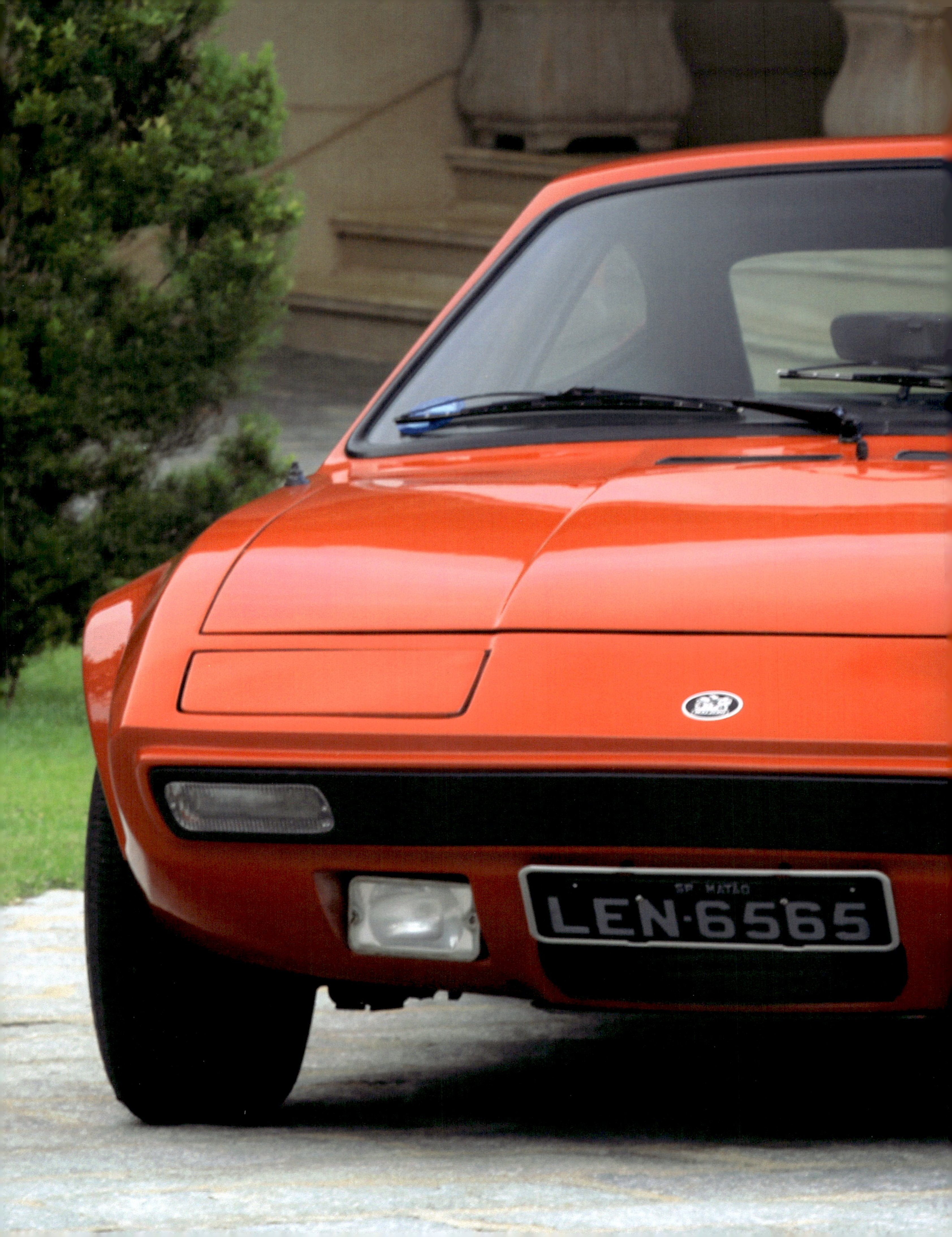
LEN-6565

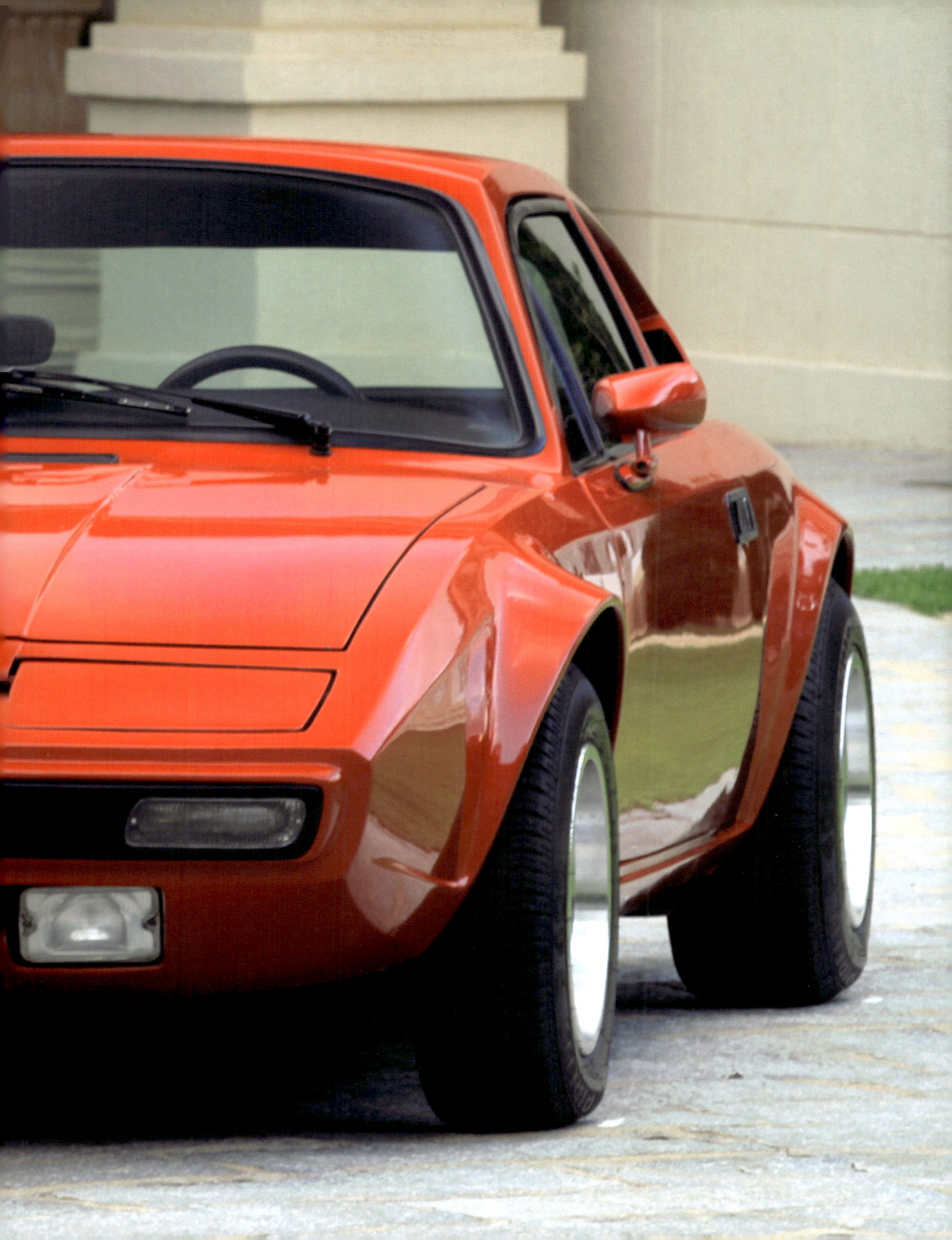

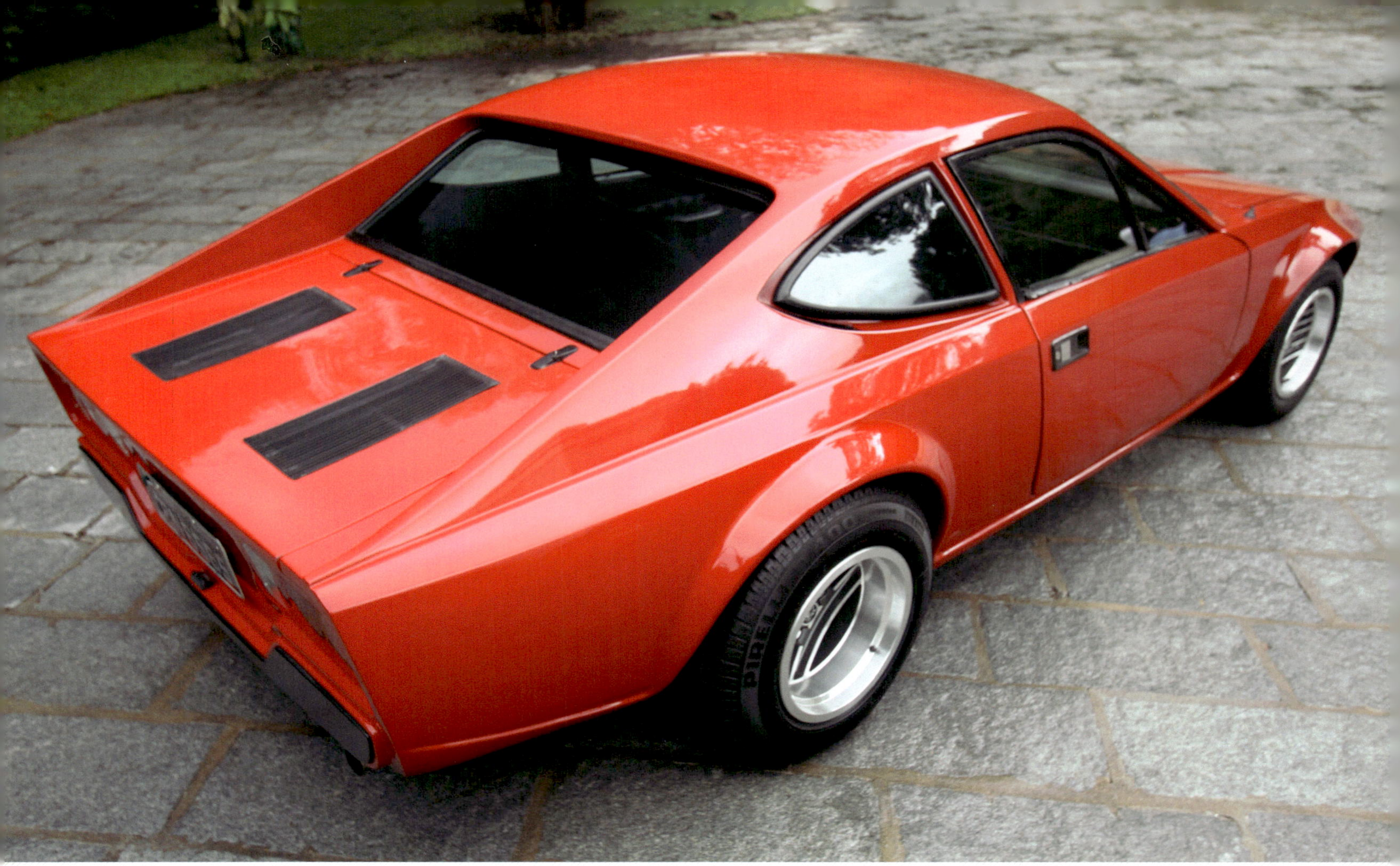

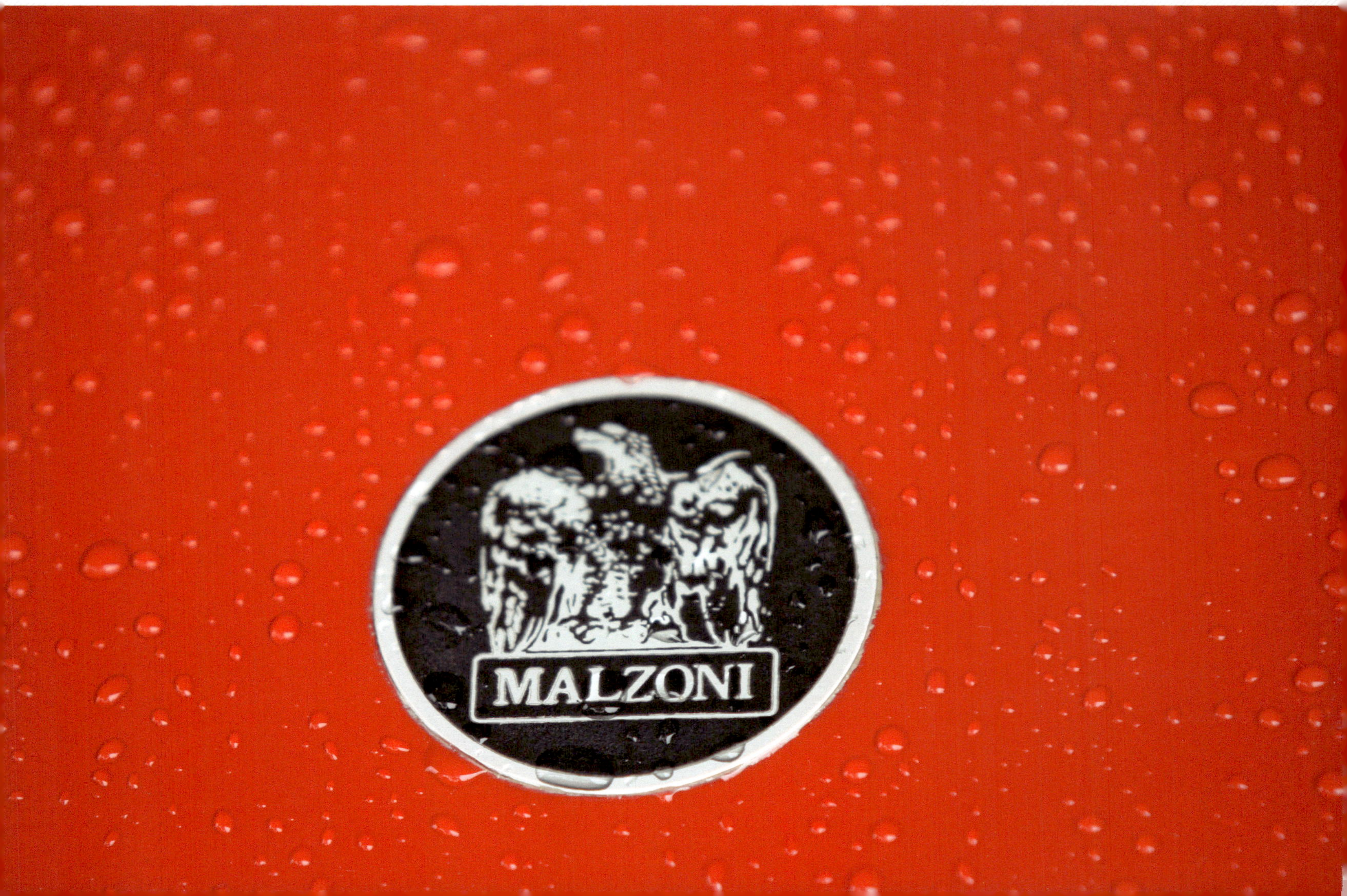
MALZONI

A volta do GT Malzoni 129

Abaixo: Em Matão, Kiko Malzoni testa o automóvel que criou inspirado pela coragem e a ousadia do pai.

Ao lado: Propaganda da época. Abaixo: Kiko testa os limites do novo GT Malzoni.

Apenas 35 unidades da segunda versão do GT Malzoni foram fabricadas, o que agrega ainda mais valor e brilho a uma história de sucesso.

O segundo GT Malzoni é hoje um carro raríssimo. Menos de 35 unidades foram fabricadas, 25 por Kiko e cerca de dez por José Marques. Diferentemente de outros carros da época, tinha lanternas dianteiras e traseiras exclusivas, em vez de aproveitar as de carros de série. Os vidros laterais já eram curvos, como os dos automóveis atuais, e os vidros das portas tinham moldura. Os faróis escamoteáveis – desenvolvidos a partir dos usados pela Ferrari, motores de limpador de para-brisa para acionamento – eram um toque de modernidade, e a distância entre-eixos proporcionava mais espaço e conforto para os ocupantes, além de melhor estabilidade em curvas de alta velocidade.

O novo GT Malzoni era um carro avançado, e tanto a atitude de Kiko ao criá-lo como o fato de Rino proporcionar ao filho as condições para fabricá-lo podem ser interpretadas como uma resposta às manobras que levaram o pai a se afastar da Puma. Hoje Kiko lamenta ter vendido a fábrica. Foi uma história de sucesso: o carro arrasou.

CAPÍTULO 11

TRÊS MALZONIS EM MONTEREY

Em agosto de 1999, três Malzonis chamaram a atenção de aficionados por carros e corridas de todo o mundo. Cercados por alguns dos automóveis de competição mais famosos da história, as afamadas Flechas de Prata da Auto Union, eles despertaram a curiosidade de milhares de pessoas presentes no Autódromo de Laguna Seca, nos Estados Unidos.

O evento anual realizado naquela pista, o Monterey Historic Automobile Races, é célebre pelas corridas de carros históricos e a cada ano homenageia uma marca de tradição. Naquele ano, na 25ª edição do encontro, a marca celebrada era a alemã Auto Union, e o destaque, obviamente, eram os bólidos da década de 1930, que disputaram em sua época a hegemonia do automobilismo europeu com a também germânica rival Mercedes-Benz. Esses carros introduziram conceitos revolucionários, como o motor traseiro entre os eixos, concebido por ninguém menos que Ferdinand Porsche.

A mostra celebrava também o centenário da marca Audi, que em 1934 se juntou a outras três fábricas alemãs, Horch, Wanderer e DKW, para constituir a Auto Union. Após a Segunda Guerra Mundial, a DKW foi a única das quatro a continuar em atividade, mas, quando foi comprada pela Volkswagen, na década de 1960, os novos controladores optaram por fazer a Audi renascer.

Dada a vinculação da marca DKW com a Auto Union e consequentemente com a Audi, nada mais justo que os Malzonis, que colaboraram tanto

O GT Malzoni Tipo IV, participante das corridas realizadas no lendário autódromo de Laguna Seca, nos Estados Unidos.

com a imagem da marca no Brasil no tempo em que seus carros eram feitos pela Vemag, representassem nosso país no encontro de Monterey.

Três carros participaram do evento. Dois deles eram modelos de competição – um amarelo, pertencente ao jornalista e colecionador mineiro Boris Feldman, e um branco, do paulista Eduardo Pessoa de Mello, então presidente do Auto Union DKW Clube do Brasil. O terceiro carro, uma versão de rua, era do carioca Paulo Eduardo Lomba, mas hoje pertencente a Kiko Malzoni.

A viagem dos carros e de seus acompanhantes foi promovida pela Senna Import, responsável na época pela importação e pelo sucesso dos carros da Audi no Brasil. Além dos proprietários, acompanhou o grupo Jorge Lettry, o maior responsável pela fama que os Malzonis conquistaram nas

MICHELIN
DAIMLERCHRYSLER presents the
MONTEREY HISTORIC AUTOMOBILE RACES
1
2
3

no acervo de Kiko Malzoni, não foi autorizado a entrar no circuito por não ter equipamento de segurança.

Na foto oficial do evento, tirada na linha de chegada do autódromo, os carros mais significativos da história da marca estavam reunidos, e o GT Malzoni marcou a presença do talento, do entusiasmo e da dedicação brasileiros ao esporte automobilístico, entre dezenas de poderosos representantes do sucesso da Auto Union, conquistado nas pistas do mundo todo ao longo de cem anos. Não poderíamos estar mais bem representados.

Na página ao lado: A foto oficial do evento organizado pela Audi mostra o GT Malzoni na segunda fila, de trás para a frente.

CAPÍTULO 12

DO SONHO À REALIDADE

Mais do que um criador e fabricante de carros especiais, Rino Malzoni foi um inspirador. Por causa dele, muitos garotos passaram horas rabiscando carros esportivos nas margens de seus cadernos, com a imaginação voando para muito longe das salas de aula. Seu exemplo incentivou muita gente a se aventurar na difícil arte de criar automóveis.

Muitos sonham ou já sonharam fazer carros, mas poucos são os que se dispõem a pôr mãos à obra e encarar as dificuldades que essa tarefa exige. Transformar ideias em realidade não é simples, pois demanda dinheiro, trabalho e, acima de tudo, paixão. Rino foi um apaixonado, uma figura humana ímpar e que, mais do que meramente criativo, sabia levar adiante os desafios a que se propunha.

Por conta de sua generosidade, a grande casa envidraçada, sede da Fazenda Chimbó, vivia cheia de gente, principalmente de amigos atraídos por uma paixão em comum, o automóvel. Gente que chegava de surpresa, a qualquer hora, e dava muito trabalho a dona Anita, que muitas vezes tinha que providenciar almoços ou jantares tardios para os visitantes sem cerimônia. As conversas entravam pela noite, e durante o dia a agitação se transferia para o galpão sede da oficina, a algumas centenas de metros, ao redor dos carros que iam surgindo aos poucos ao som dos martelos dos funileiros.

Acomodações não faltavam: Rino criou sua casa pensando nos amigos, com muitos quartos para recebê-los. Ele mesmo a esboçou, recorrendo posteriormente ao auxílio de um arquiteto para o detalhamento da obra. Na parte da frente, havia um grande salão, com paredes de vidro dando para uma larga varanda que o circundava e o protegia do sol e do calor. Ao lado, havia duas piscinas para aliviar o calor, que predomina na região por boa parte do ano.

"Era uma casa alegre, cheia de música", recorda com visível saudade a filha, Maria do Rosário. "Papai gostava de ópera, e havia sempre um disco tocando".

Rino era descontraído, avesso ao convencional. Ele usava camisas coloridas e – uma de suas marcas registradas – calças de tecido leve com elástico na cintura, inspiradas nos trajes dos pilotos da década de 1950, quando macacões à prova de fogo ainda não haviam sido imaginados. Para completar, usava sapatos sem meias. Enfim, uma combinação ousada para um período em que paletó e gravata eram quase obrigatórios, mesmo em ocasiões e lugares pouco formais.

Acima: Rino e Kiko Malzoni em um dos diversos momentos de descontração em família. Abaixo: Da esquerda para a direita, Christian Heinz, Marinho Camargo (com Kiko Malzoni nos ombros) e Bird Clemente.

Rino Malzoni faleceu em 1979. Por volta de 1973, ele desenvolvera um problema cardíaco que o deixou prostrado por muitos meses. Uma técnica revolucionária de reconstituição da válvula mitral, que acabara de ser desenvolvida pelo doutor Euryclides Zerbini, permitiu que voltasse à vida normal. Após a cirurgia, mudou-se para Araraquara, onde passou seus últimos anos. Costumava ir ao galpão onde Kiko estava fabricando o novo GT Malzoni, acompanhava as atividades, dava palpites, mas não interferia diretamente. De uma coisa não estava "curado": começou a mexer num Passat, no que foi seu último projeto.

Rino nunca se preocupou em registrar a construção de seus carros – quase todas as fotografias que os mostram sendo feitos, seja na oficina de Matão ou em Araraquara, foram tiradas para ilustrar reportagens ou por amigos, como Jorge Lettry, um fotógrafo compulsivo. E nunca teve uma assessoria para tratar com a imprensa: seus automóveis eram o suficiente para atrair a atenção dos jornalistas especializados. Ele se preocupava com o que fazia no momento e com seu próximo objetivo. Teve uma vida na qual não faltaram opções e, talvez sem se dar conta, decidiu fazer o que gostava: criar carros que entraram para a história.

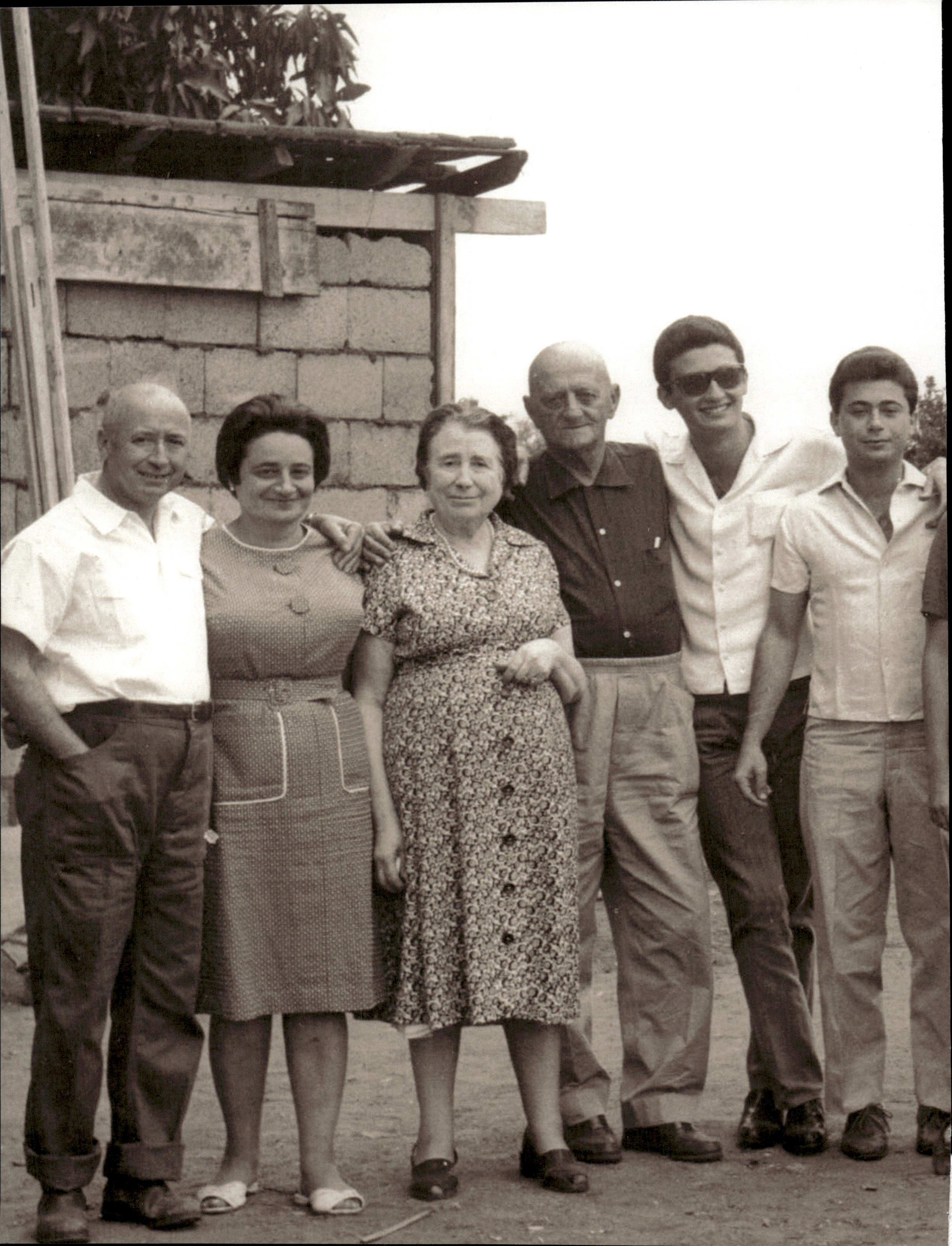

Da esquerda para a direita: Pedro Casela e sua mulher, Rina; Imaculata e Francisco Malzoni Neto; Osvaldo Casela e seu irmão, Humberto; Rô, Rino, Kiko e Anita Malzoni; Fernando e Oscar Malzoni.

O PRINCÍPIO

DEPOIMENTO DE MÁRIO CÉSAR DE CAMARGO FILHO

No início da década de 1960, eu tinha uma oficina autorizada da Vemag na Avenida Santo Amaro, e meu amigo Ciro Cayres, um dos maiores pilotos da época, trabalhava na Comercial Lara Campos, uma concessionária DKW onde o Rino Malzoni costumava aparecer. Foi através de Ciro que eu o conheci. Rino também costumava frequentar os boxes de Interlagos, onde um dia apareceu com um carro diferente, o primeiro GT Malzoni. Era um esportivo 2+2 que ele havia feito para uso pessoal, usando o chassi e a mecânica do DKW.

O GT Malzoni imediatamente chamou nossa atenção, e, já pensando num carro para ser usado nas pistas, fizemos a cabeça de Rino para que ele fabricasse uma versão com apenas dois lugares. Fomos até a fazenda, em Matão, e acompanhamos o desenvolvimento do carro, passo a passo. Lembro que no início o Rino tinha feito um teto muito alto e eu sugeri que ele diminuísse a altura. Foi o início de uma amizade muito grande, pois acabamos ficando bastante íntimos.

Esse segundo carro, ainda com carroceria metálica, foi comprado por mim. Comprei e cedi para a equipe de competições da Vemag. Eu tinha conseguido um jogo de carburadores Solex 40 PII, trazido da Europa por um amigo – dois carburadores com corpo duplo, um deles cortado ao meio, porque o motor DKW tinha três cilindros –, o que permitiu um razoável aumento de potência. O carro era mais baixo e mais aerodinâmico que os sedãs com que eu corria antes, mas me adaptei bem a ele já nas primeiras corridas.

O passo seguinte foi fazer um carro para expor no Salão do Automóvel. Foi um processo demorado, de tentativa e erro. Basta dizer que ele foi pintado nada menos que cinco vezes. No salão, foi um sucesso total. Foi aí que formamos a Lumimari, uma empresa em que os sócios eram Rino, eu, o Milton Masteguin, o Roberto e o José Luiz Fernandes.

A empresa surgiu com a venda de três carros para a Vemag, com carroceria de fibra de vidro. As carrocerias foram feitas sob a orientação do Celso Cavalari, um dos pioneiros da tecnologia no Brasil – ele havia trabalhado nos Estados Unidos, na Corvette. Na minha opinião, a Lumimari deveria continuar fabricando carros como esses primeiros, que chamávamos de espartanos, sem preocupação com acabamento refinado. Se fosse o caso do dono querer um automóvel para usar na rua, estilo gran-turismo, ele poderia fazer tudo por conta própria, em outras oficinas. Mas nem todos pensavam assim, e o processo de fabricação se tornou mais complicado e caro.

Eu não concordava com isso e fiquei pouco na sociedade: em 1966 me desliguei e fui começar tudo de novo, voltando a abrir uma oficina, a Marinho Veículos, na Rua Tabapuã. Mas o Rino era um *gentleman*, uma pessoa incapaz de pronunciar uma palavra mais áspera, e continuou na empresa, que logo mudou de nome e passou a se chamar Puma.

Acima à esquerda: Marinho Camargo, Francisco Malzoni (de óculos), Rino e homem não identificado.
Acima à direita: Marinho e Rino.

O DKW Malzoni era um carro muito bom, muito agradável de pilotar. Como a tração era dianteira, o carro tinha uma tendência a sair de frente, mas eu me adaptei muito bem a ele. O carro era especialmente bom nas corridas de rua, onde a equipe Vemag tinha fama de ser praticamente invencível. Mas também era competitivo em Interlagos, apesar das retas favorecerem os competidores mais potentes.

Foi o que aconteceu naquelas famosas Mil Milhas de 1966, em que o Emerson guiou junto com o Jan Balder. A equipe Vemag já havia sido desfeita, mas a fábrica nos cedeu os carros para a corrida. O Malzoni deles foi preparado na Lumimari, mas o meu foi feito por mim mesmo. Meu companheiro foi o Eduardo Scuracchio. Na largada, o óleo se separou da gasolina e meu carro não ligou. Tive que esgotar o carburador e fiquei dezoito minutos parado.

De manhã cedo, ainda assim eu já estava em segundo, e, quando o Balder, que liderava a corrida, parou nos boxes por causa de um problema elétrico, fui para primeiro. Mas quem estava em segundo, a partir daquele momento, era o Eduardo Celidônio, com a carretera do Camilo Christófaro, e vinha se aproximando. O motor dele era um Corvette, com mais de 400 cv contra os meus 100 cv. Na última volta, ele apareceu no meu espelho e, quando saí da Junção, emparelhou comigo na subida dos boxes, me deu um alô e ganhou a corrida. Lembro muito bem, foi quase como se ele pedisse desculpas por me ultrapassar. E foi a maior tristeza da minha vida de piloto, mas um excelente resultado para os Malzonis: terminei em segundo, e o Emerson e o Balder, em terceiro.

Nosso desempenho com os Malzonis, ainda na equipe Vemag, foi tão bom que a Auto Union convidou a mim e ao Bird Clemente para correr o Rally de Monte Carlo, uma oportunidade excepcional. Mas na época havia uma disputa de poder no automobilismo brasileiro entre a Confederação Brasileira de Automobilismo e o Automóvel Clube do Brasil, que era filiado à Federação Internacional de Automobilismo. A confederação ameaçou tirar nossa licença local e, na prática, nos proibiu de ir.

Há um fato na minha história de piloto que nunca foi bem contado: o episódio do Carcará. Eu acompanhei toda a construção do carro e fiz os primeiros testes em Interlagos, que foram acompanhados pela diretoria da Vemag e pela *Quatro Rodas*, que também estava envolvida. O carro foi feito em cima do chassi de um Fórmula Júnior que eu havia guiado e que já tinha a frente muito leve, mas dava para pilotar. Com a carroceria, porém, ele ficou muito mais instável e bailava na pista. Como havia muito interesse e muita pressão, eu não quis desistir e fui ao Rio para fazer a tentativa do recorde.

No Rio, durante os primeiros testes na Barra da Tijuca, o carro ficava muito instável quando chegava a 195 km/h, e era impossível controlá-lo. Por duas vezes eu rodei 360 graus. Aí, o Jorge Lettry baixou a pressão dos pneus dianteiros, discutiu comigo e saiu ele mesmo para testar. E deu um 360 graus também.

Mesmo assim, Lettry não desistiu e apelou para um recurso extremo: trocou os pneus da frente, que eram radiais, pelos Spala di Sicureza, da Pirelli. Como eles eram diagonais, a direção ficava com uma resposta mais lenta, quase como se fosse usada uma relação mais longa. O problema é que eles eram feitos para andar no máximo a 130 km/h, uma velocidade de passeio. Os pneus foram tirados de uma Vemaguet, ali na hora. Eu liguei para o Bernardini, diretor técnico da Pirelli em São Paulo, e ele disse que aquilo era uma loucura, que os pneus poderiam sair dos aros acima daquela velocidade.

Na minha vida de piloto, eu já havia corrido com o carro vazando muita gasolina, com a mão na maçaneta da porta, pronto para pular fora em caso de incêndio. Várias vezes corri sem freios, nunca me recusei a andar. Naquele dia, porém, o risco estava muito além do razoável. O Norman Casari acabou topando, entrou no carro sei lá como e fez as tomadas. Foi um episódio ruim, que manchou meu trabalho, mas acho que tomei a decisão certa naquelas circunstâncias.

Da esquerda para a direita: Kiko Malzoni, Crispim Ladeira e Marinho Camargo posam para a foto ao lado do GT Malzoni Tipo II, em Poços de Caldas, em agosto de 2011.

Exemplar do Fórmula Júnior, cuja plataforma serviu de base para o Carcará.

Rino e o carro que ele criou, o DKW Malzoni, foram muito importantes para nós e para o automobilismo brasileiro. Nós, da Vemag, éramos o patinho feio das pistas naquela época. A equipe mais poderosa era a Willys, e não só na pista: eles também eram fortes politicamente e tinham conseguido homologar as berlinetas Interlagos, que eram GTs, como carros de turismo. O DKW Malzoni nos deu a chance de disputar com eles e também com a Simca. Foi uma pena a equipe ter sido desfeita e a Vemag ter sido vendida. O carro ainda tinha muito o que evoluir e poderia ter melhorado bastante.

Acho que tive um papel importante na história do Malzoni, por ter provocado Rino a fazer um carro para correr. Mas mais importante que ter me proporcionado o carro que mais ajudou a minha carreira, ele foi sempre uma grande pessoa e um grande amigo.

MEU AMIGO RINO MALZONI

DEPOIMENTO DE BIRD CLEMENTE

Eu me lembro que em 1959, quando a Vemag descobriu nas competições a vitrine ideal para demonstrar o desenvolvimento de seus produtos e promover as suas vendas e investiu nessa direção, criando o Departamento de Competições, Jorge Lettry era o chefe, e eu e o Mario César de Camargo Filho éramos os primeiros pilotos de fábrica. Era o início de uma nova fase. Com o carisma do Jorge e o entusiasmo brasileiro, aquele espaço era invadido por todos os que iriam participar de alguma forma, dando os primeiros passos na história do automóvel e do automobilismo no Brasil.

Eu me lembro da simplicidade daqueles gênios. Nem eles e nem eu teríamos a ousadia de prever ou imaginar os oito campeonatos mundiais de Fórmula 1, as seis vitórias nas Quinhentas Milhas de Indianápolis – o maior evento esportivo do mundo –, que piloto brasileiro ia se tornar uma grife e que o nosso país ia ser um dos maiores produtores de automóveis do planeta.

Eu me emociono quando me lembro do Jorge, meu chefe; do Marinho, meu companheiro; dos mecânicos Crispim, Antonio, Ikedo, entre outros; do Luiz Turbina, que media os motores de corrida no dinamômetro; do Otto, que bolava os motores; do Balder, que cuidava da qualidade dos materiais; do Bilik, nosso protetor junto à diretoria; até do Luiz Greco, que se tornaria o predestinado chefe da equipe Willys e era um simples funcionário da Vemag que pilotava para a equipe nas provas longas... Que saudade!

Emociono-me também quando lembro daqueles que gravitavam em torno do primeiro Departamento de Competições do país, os envolvidos com a fabricação de autopeças, em especial rodas e pneus, que eram um grande problema em Interlagos. Rotineiramente, eu, o Marinho e o Jorge íamos para a pista com o carro de corrida, um caminhão carregado com peças, motores e muitas rodas montadas com pneus, e passávamos dias e noites na pista, sempre acompanhados pelo Bernardini, da Pirelli.

Naqueles tempos dos anos dourados, a restrição de importações de automóveis dificultava para os brasileiros o acesso aos modelos esportivos, que eram raridade. Entre aquelas figuras que circulavam entre nós, da equipe, sempre estava por perto o Rino Malzoni, com um doce sorriso que era marca registrada do seu semblante.

Eu sempre costumo dizer: nunca vi o Ciro Cayres, o Emerson Fittipaldi ou o Rino serem indelicados. Quando eles não gostavam de alguém, o cara não percebia.

Os DKWs eram a bola da vez naquela época, e quem gostava de corrida tinha que se contentar com eles. O meu companheiro Marinho era o rei do circuito de rua, e os DKWs com tração dianteira eram os mais competitivos. As corridas de rua eram comuns e famosas: Petrópolis, no Rio; Cavalhada, no Rio Grande do Sul; e, em São Paulo, posso citar as pitorescas Piracicaba e Araraquara, esta última a região da família do Rino. Quando tinha corrida lá, visitar a Fazenda Chimbó, em Matão, de propriedade do pai do Rino, era um programão: eles fabricavam uma pinga fantástica, que minha mãe me cobrava quando eu voltava de lá. Naquela época ele se dedicava a projetar e construir protótipos de carros esporte. Os carismáticos DKWs eram o recurso disponível, e o Mustang, o Ford esporte desejado por todos. O Rino orgulhosamente era um pioneiro e desfilava com um carro fabricado por ele em Matão, um DKW que lembrava o estilo do Mustang. Ele foi à célula inicial na fabricação de carros esporte especiais no Brasil, se uniu aos companheiros certos e construiu os primeiros Malzonis, que prolongariam a vida dos DKWs Vemag em competição, possibilitando à equipe enfrentar de igual para igual os mais modernos Alpines, Alfa Romeos, Simcas, Porsches etc.

Na última fase da Vemag foi formado o grupo que consolidaria o projeto Puma. Além do Rino, formariam a sociedade ao longo do tempo elementos ligados ao Departamento de Competições: Jorge Lettry e Marinho, entre outros. O Puma com mecânica DKW, primeiro projeto desse grupo, foi a sensação em um dos anos do Salão do Automóvel.

Sempre envolvido com o seu dileto amigo Anísio Campos, Rino construiu em Matão o Carcará, um carro flecha brasileiro, que fecharia as atividades da Vemag e do Departamento de Competições como o grande símbolo da época para o automóvel e o automobilismo brasileiro, estabelecendo o fantástico recorde de 213 km/h.

Ao ser absorvida pela Volkswagen, a Vemag encerrou suas atividades, e aquele grupo ligado aos DKWs amplificou e desdobrou as atividades do projeto Puma, tornando-o a maior realização na fabricação de carros especiais deste país.

A história de vida de Rino Malzoni é tema de interesse nacional, e eu me senti honrado pela oportunidade de manifestar o melhor dos meus sentimentos e a admiração por ele e pelo seu trabalho.

A SAGA DOS MALZONIS

DEPOIMENTO DE MIGUEL CRISPIM LADEIRA

É com grande prazer que, atendendo ao convite de meu grande amigo Kiko Malzoni (Francisco Malzoni) e em nome da equipe Vemag de competições, dou aqui um testemunho da importância que tiveram os veículos projetados pelo Rino Malzoni (Genaro Malzoni), a meu ver o primeiro *carrozziere* brasileiro tanto como fabricante de automóveis como no automobilismo.

No início da implantação da indústria automobilística brasileira, não tínhamos ainda um parque produtor de autopeças para atender essa nova necessidade de mercado. As fábricas que para cá vieram tiveram de auxiliar no desenvolvimento desse novo seguimento para suprir suas próprias necessidades.

Umas das formas de acelerar esse processo foi a criação de departamentos de testes, que possuíam veículos que rodavam 24 horas por dia, com pilotos de teste dirigindo oito horas cada um para possibilitar o desenvolvimento e o aprimoramento do produto.

Nesse momento constatamos que, se usássemos esses mesmos veículos em competições automobilísticas, o esforço produzido seria de tal ordem que, em uma prova de 24 horas, o resultado seria equivalente a mais de três meses de rodagem urbana. Sentindo esse momento no desenvolvimento da indústria e do automobilismo brasileiros, o *carrozziere* Rino Malzoni passou a construir por conta própria, com o conjunto mecânico dos veículos DKW Vemag, carros GT mais leves e, portanto, mais velozes, em sua fazenda na cidade de Matão, no interior do estado de São Paulo. Os veículos foram utilizados pela fábrica em competições automobilísticas, uma vez que a melhora da performance proveniente da diminuição de peso e do aprimoramento da aerodinâmica faziam com que o aproveitamento nas verificações do desgaste nas competições fosse maior ainda.

Além da questão do desenvolvimento do produto propriamente dito, o resultado das corridas era utilizado para alavancar as vendas através da publicidade, tanto que outras fabricantes passaram a importar veículos GT de suas matrizes no exterior para fazer frente aos GTs Malzoni, que tinham um desempenho muito superior aos veículos aqui produzidos.

    Creio que este simples relato dá uma noção da importância que teve o senhor Rino Malzoni para o desenvolvimento do parque automobilístico brasileiro.

UM CARRO E UMA CORRIDA INESQUECÍVEIS

DEPOIMENTO DE CHICO LAMEIRÃO

Naquele tempo, ser piloto de fábrica dava prestígio, e era de bom tom usar no dia a dia um modelo da marca que representávamos. Assim era com Christian Heinz, que andava com uma berlineta Interlagos prata, mais tarde usada por Bird Clemente quando passou a ser piloto da Willys.

Quanto a mim, que corria pela Vemag, tive a oportunidade de adquirir o segundo modelo do DKW Malzoni, construído na fazenda de Rino Malzoni, carro que, pilotado por Mário César de Camargo Filho, o Marinho, havia vencido várias provas na categoria GT. A chance surgiu quando ele foi desativado pela equipe, que aguardava a chegada de um novo Malzoni, já feito em fibra de vidro, o Tipo IV.

O segundo Malzoni era um carro bem equilibrado para usar nas ruas – quase não se sentia o desconforto provocado pela tração dianteira, aquela puxada para fora durante as curvas. Caso fosse trabalhada a calibragem dos pneus, o carro ganhava um comportamento bem agradável e era possível guiar esportivamente, podendo-se até provocar um *four wheel drift*, ou seja, um deslizamento durante as curvas, sobre as quatro rodas.

DKW Malzoni, Tipo II.

Sem sombra de dúvida, de todos os carros que tive até hoje, o Malzoni foi o que me deu mais satisfação.

Evolução

O Departamento de Competições da Vemag passou a correr com três exemplares do novo Malzoni, bem mais leves e aerodinâmicos, com motores geralmente entre 95 cv e 105 cv de potência, mas uma das unidades chegava a 108 cv. Com eles, equipados com pneus Pirelli Cinturatto, bastante confiáveis, era possível percorrer os quase 8 km da antiga pista de Interlagos (o verdadeiro Interlagos!) entre 3min52s e 3min55s, bem mais rápido que com as antigas carreteras da equipe, que faziam uma volta em mais de 4min.

Foi uma pena a fábrica ter decidido abandonar as competições. Pouco antes disso acontecer, Jorge Lettry havia descoberto uma empresa na Suíça que estava desenvolvendo um motor de dois tempos V-6 que de origem já teria entre 150 cv e 160 cv. Se a diretoria da Vemag o tivesse escutado e prestado um mínimo de atenção a essa oportunidade, a realidade teria sido muito diferente. Tenho certeza de que, contando com a capacidade e o espírito de desenvolvimento da equipe, cujos membros eram Jorge Lettry, Otto Kutner, o senhor Antoni Balder (pai de Jan Balder), Miguel Crispim Ladeira e outros, em pouco tempo teríamos motores com mais de 200 cv, a mesma potência dos Simcas Abarth, que foram os bichos-papões das pistas brasileiras entre 1965 e 1966.

A corrida inesquecível

Entre todas as corridas que disputei com o Malzoni, há uma que me traz grandes recordações, o Grande Prêmio Faria Lima, uma prova em três baterias de apenas dez voltas cada. Na realidade, quando ela aconteceu a equipe já não pertencia à Vemag, que havia fechado o Departamento de Competições e vendido seus carros. Participei pela Lumimari, a empresa criada para produzir os Malzonis e que, mais tarde, deu origem à Puma.

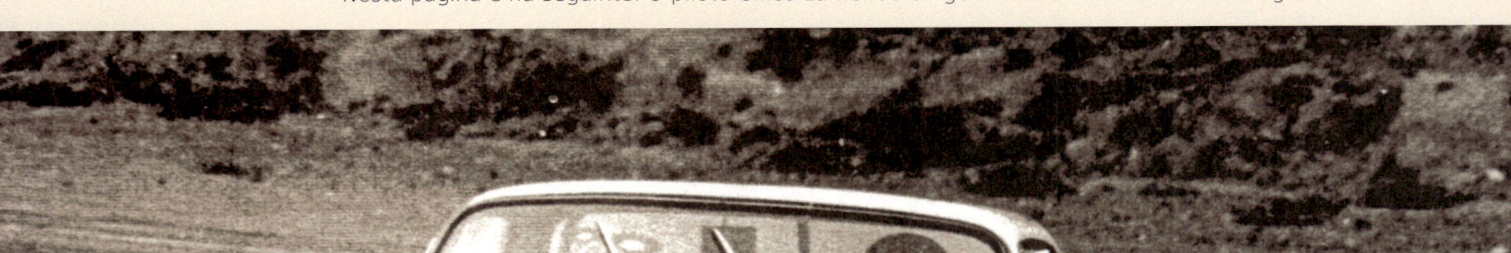

Nesta página e na seguinte: O piloto Chico Lameirão dirige um DKW Malzoni em Interlagos.

Marinho, o primeiro piloto da Vemag – com merecimento –, gostava que o automóvel tivesse sempre a tendência de sair de frente. Ele conhecia bem e ficava à vontade com esse comportamento, adequado à sua maneira de pilotar. Do meu lado, como minha experiência de corrida antes da Vemag havia sido com carros de motor traseiro, como os Volkswagens e os Renaults 1093, da Willys, eu tinha dificuldade para me adaptar ao comportamento dos DKWs, com tração dianteira.

A saída de frente, a meu ver, não fazia sentido, pois, com motores de baixa cilindrada, provocava um enorme arrasto dos pneus dianteiros sobre o asfalto, que naquela época era bem áspero. Como Marinho tinha muita influência sobre o Jorge Lettry, chefe da equipe – e eu, a bem da verdade, não tinha o conhecimento técnico que ele possuía –, tive que engolir aquele acerto sem reclamar. Fazia o melhor que podia, mas não me adaptava.

Como o piloto indicado para a prova fui eu, nosso preparador, Miguel Crispim Ladeira, modificou o acerto do carro de acordo com minhas preferências, reduzindo a bitola traseira e colocando uma barra estabilizadora. Assim, na entrada das curvas a traseira deslizava para fora, e era possível acelerar novamente bem mais cedo, sem arrastar as rodas dianteiras, e ganhar bastante velocidade. No final das curvas ainda ocorria uma leve saída de frente, talvez devido a uma pressão de abertura dos amortecedores dianteiros incorreta, mas era mínima, e o tempo de volta baixou significativamente.

Nosso grande adversário, e favorito para vencer, seria José Carlos Pace, o Moco, que pilotaria o poderoso Karmann-Ghia Porsche da equipe Dacon, também com carroceria em fibra de vidro e um motor de 2 litros com quatro comandos de válvula e cerca de 190 cv, desenvolvido por Paulo Goulart, um gênio da época.

O entusiasmo me levou a cometer um erro estratégico: me envolvi numa disputa com Moco durante o treino e acabei revelando que, apesar de não ter a mesma velocidade nas retas, poderia superá-lo nas curvas do miolo. Ele me ultrapassou antes da curva da Ferradura, mas deixou o carro escorregar, e eu o passei por dentro, fazendo a curva do Lago, a seguir, à sua frente. O episódio alertou Pace, que ficou alerta para a presença daquele DKW Malzoni, pronto para aproveitar qualquer deslize que eu cometesse. Se eu não tivesse sido afoito, talvez o resultado da corrida tivesse sido outro.

A classificação

A classificação para a corrida era feita numa única volta, aberta já na primeira vez que o carro passava em frente aos boxes. Por causa disso, praticamente não era possível esquentar os pneus, ou o piloto.

Saí dos boxes e fiz a volta de aquecimento bem devagar, para desgastar o mínimo possível os pneus, e comecei a acelerar mesmo só após a curva do Bico de Pato. Lembro que nessa volta, quando me aproximei da Ferradura, vi Marinho me olhando do alto de um morro que ficava atrás da curva do Laranja. Pensei comigo: é hora de caprichar, ele está ali para conferir o que eu vou aprontar...

Crispim havia colocado dois pneus Goodyear usados na dianteira, que diminuíam ainda mais a saída de frente do carro. O resultado foi absolutamente fantástico. Não cometi nenhum erro de que me lembre e quebrei o recorde de Interlagos para motores até 1 litro com o tempo de 3min48s60, à média de 125,35 km/h. Acredito até que, se houvesse uma segunda volta, daria para baixar mais um pouco com os pneus trabalhando em temperatura melhor. Talvez desse para ficar em torno de 3min47s60, ou mesmo 3min47s.

Consegui encaixar como devia a Curva Um, mantendo o pé embaixo e a velocidade entre 180 km/h e 190 km/h. As aproximações de curva eram todas mais rápidas devido às saídas anteriores serem mais rápidas, com menor perda de rotação do motor graças ao novo acerto do Malzoni.

Fiz uma entrada limpa na curva da Ferradura, outro ponto crucial, e fiz o Lago com o pé no fundo. Essa era uma curva onde, no final, o carro destracionava, com a roda dianteira interna chegando a sair do chão. Era um comportamento simultaneamente bom e ruim: o bom era que, com a perda de aderência, o motor DKW subia de giro, não perdendo rotação para a entrada na reta oposta. No fundo, talvez ficassem elas por elas – talvez com alguma vantagem para o lado positivo.

A curva do Sol foi sem aliviar, com uma bela chegada na do Sargento. Nenhuma surpresa no Laranja, com a entrada do S com uma leve saída de traseira. A curvas do Pinheirinho e do Bico de Pato também foram limpas, e cheguei muito bem à antiga Junção, que era uma curva cega magnífica, para fechar a volta perto de 1min40s – mais rápido do que Fangio havia feito com uma Maserati de 2,5 litros alguns anos antes.

A prova

Venci a primeira bateria, a bem da verdade graças a um problema enfrentado por Moco: a porta esquerda do seu carro abria nas curvas e ele teve que fazer uma parada forçada nos boxes. Ainda assim, o Malzoni chegou bem à frente do Alfa Zagatto 1.3 de Afonso Giaffone, do Alfa Giulia 1.6 de Emílio Zambello e do Simca Chambord 2,5 litros de Walter Hahn.

José Carlos Pace dirige o Karmann-Ghia Porsche, seguido de perto por Chico Lameirão e o DKW Malzoni no GP Faria Lima, realizado em 2 de outubro de 1966, em Interlagos.

Na segunda bateria a coisa esquentou, com o Karmann-Ghia Porsche e o Malzoni andando normalmente. Apesar disso, Moco e eu andamos sem exagerar, poupando o carro para a última etapa. Pace venceu e eu fiquei em segundo. Para a final, Crispim voltou a colocar os pneus Goodyear usados na classificação na dianteira e, com o carro no acerto ideal, parti para uma missão impossível: tentar vencer José Carlos Pace, um dos melhores pilotos do mundo, com um carro muito mais potente do que o meu.

Foi uma luta tenaz: nas retas, Moco abria vantagem e, no miolo, o DKW Malzoni encostava. Sabia que ele devia estar lembrando do episódio do treino e que ele não deixaria margem para uma surpresa de minha parte. Andei nos calcanhares dele o tempo todo e, faltando duas voltas para o término, uma pedra levantada pelo Karmann-Ghia acertou meu radiador, fazendo o motor engripar. Parei na curva da Junção.

Não vencemos, mas naquela corrida os membros remanescentes da equipe Vemag mostraram que eram tecnicamente muito fortes. Foi um grupo fantástico, coordenado por Jorge Lettry, com o envolvimento de Otto Kuttner, Antoni Balder, Miguel Crispim Ladeira, Anísio Campos, Marinho e Bird Clemente, somado ao *savoir faire* decisivo de Rino Malzoni, sem o qual nada disso teria acontecido.

RESULTADOS DO GP FARIA LIMA

1ª bateria
- 1º Chico Lameirão – DKW Malzoni 1 litro
- 2º Afonso Giaffone – Alfa Romeo Zagatto 1,3 litro
- 3º Emílio Zambello – Alfa Romeo Giulia 1,6 litro
- 4º Walter Hahn – Simca Chambord 2,5 litros

2ª bateria
- 1º José Carlos Pace – Karmann-Ghia Porsche 2 litros
- 2º Chico Lameirão – DKW Malzoni 1 litro
- 3º Afonso Giafonne – Alfa Romeo Zagatto 1,3 litro
- 4º Emílio Zambello – Alfa Romeo Giulia 1,6 litro

3ª bateria
- 1º José Carlos Pace – Karmann-Ghia Porsche 2 litros
- 2º Afonso Giafonne – Alfa Romeo Zagatto 1,3 litro
- 3º Emílio Zambello – Alfa Romeo Giulia 1,6 litro
- 4º Walter Hahn – Simca Chambord 2,5 litros

Ícones tupiniquins

Nas conversas entre pilotos, sempre volta a lembrança de que andávamos na frente das carreteras Chevrolet Corvette e das carreteras Ford com motor Thunderbird. Isso já tinha se tornado comum desde que aparecera a primeira carretera da equipe Vemag, com a aerodinâmica melhorada pelo teto rebaixado e, já naquela época, pelo assoalho liso.

Na sua primeira apresentação em Interlagos, Bird Clemente baixou o tempo da carretera do Camilo Christófaro em três ou quatro segundos, para espanto geral. Como um carro com motor de três cilindros e 1.000 cm^3 conseguia fazer frente às famosas carreteras de Camilo e Catarino Andreatta?

A resposta é que, apesar de terem motores poderosos, aqueles carros tinham suspensões muito antiquadas, além de câmbio com escalonamento longe do ideal, pneus diagonais e freios ineficientes. A Vemag era comandada por Jorge Lettry, que, além de saber das coisas tecnicamente, pilotava muito bem, e os carros eram exatamente o oposto do que tinham os adversários.

O que ainda me surpreende, ao reler as reportagens da época, é que já na fase em que começamos a usar os Malzonis nossos tempos eram melhores que os das Maseratis e Ferraris com motores de competição, de 2,5 ou 3 litros. O melhor tempo da Maserati 2.5 de Juan Manuel Fangio, pentacampeão da Fórmula 1, foi de 3min50s, e os pilotos brasileiros, com motores 3.0, viravam na casa de 3min55s, 3min57s. Com uma exceção, Ciro Cayres, o único a virar Interlagos "para valer", com uma Maserati F250 com motor Corvette de 4 litros, que fez 3min39s.

Os surpreendentes DKWs Malzoni, com seus pequenos motores de dois tempos, foram sem dúvida alguma os ícones tupiniquins daquele tempo.

O novo GT Malzoni

Estávamos em 1978, 1979, e eu já havia parado de correr. Após dezesseis anos, com alguns campeonatos ganhos e algumas chances perdidas, decidi parar, sem saber bem o que iria fazer. Assim, Jaime Levy, Crispim e eu resolvemos montar uma oficina, a Boxer. Mecânica, funilaria e pintura, coisa simples. Resolvemos até desenvolver um teto solar elétrico, o primeiro do Brasil.

Foi lá que, num determinado dia, apareceu o Kiko Malzoni. Ele mesmo havia desenhado um carro com motor traseiro e pediu que fizéssemos para ele sete chassis com plataforma Volkswagen encurtada. Tínhamos conosco o mestre Santiago, um artesão espanhol da velha cepa, que nos ajudou a fazer os gabaritos com o corte de redução em forma de V, possibilitando uma solda mais extensa, para reduzir a torção.

Entregamos os chassis e algum tempo depois Kiko apareceu com o carro pronto, bonito, com linhas elegantes, e me pediu para dar umas voltas pelo bairro do Jabaquara, que na época não tinha muito trânsito. Era um carro muito prazeroso de pilotar. "É mal de família", pensei. Os Malzonis sabem fazer carros muito especiais.

José Artimonte e Kiko Malzoni admiram um exemplar de teste do novo GT Malzoni (1976).

Janeiro de 2010

Estou no aeroporto de Guarulhos, me despedindo do meu filho Marcos, que está voltando para a Inglaterra, para retomar seu segundo projeto, o G40, na fábrica Ginetta. O G50, que ele projetou no ano anterior, foi campeão inglês e europeu da categoria GT4.

O telefone toca: era Kiko Malzoni – 32 anos depois daquele dia em que experimentei sua obra – me pedindo para escrever um artigo para o livro sobre seu pai falando da volta mais rápida de um Malzoni no antigo e autêntico circuito de Interlagos.

Foi com muito prazer que escrevi este depoimento, relembrando a corrida que foi um dos pontos altos da minha carreira, mesmo se comparada aos campeonatos regionais e nacionais que venci na Fórmula Ford e na Super Vê. Em troca, tenho apenas um pedido, que deve ser simples para quem tem o dom de fazer as coisas certas: um novo Malzoni GT.

A CRONOLOGIA DO MALZONI COM MECÂNICA DKW

1. Tipo I (2+2 com chassi Vemag inteiro)
2. Tipo II
3. Tipo III
4. Uma variável do Tipo IV com diferenças no formato dos faróis
5. Tipo IV cupê
6. Tipo IV